Standardmerkmale des Tibet Terrier

(Auszüge aus dem gültigen FCI-Standard)

Körper

Gut bemuskelt, kompakt und kraftvoll. Länge von der Schulterplattspitze zum Rutenansatz gleich der Widerristhöhe. Weit zurückreichender Brustkorb. Rücken über dem Rückenschiff gerade. Lendenpartie kurz, leicht gebogen, gerade Kruppe.

Rute

Mittellang, ziemlich hoch angesetzt und fröhlich eingerollt über dem Rücken getragen. Sehr üppig behaart. Ein Knick nahe der Rutenspitze kommt oft vor und ist erlaubt.

Hinterhand

Stark behaart, Kniegelenk gut gewinkelt, tief stehende Sprunggelenke.

Grösse

Schulterhöhe bei Rüden 35,6 bis 40,6 cm, Hündinnen geringfügig kleiner.

Haarkleid

Doppelt. Unterwolle fein und wollig. Deckhaar üppig, fein, jedoch weder seidig noch wollig, lang glatt oder gewellt, aber nicht lockig.

Pfoten

Groß, rund, zwischen den Zehen und Ballen reichlich behaart. Gut flach auf den Ballen stehend, keine Wölbung in den Pfoten.

Tibet Terrier

Juliette Cunliffe

Inhalt

Tibet Terrier

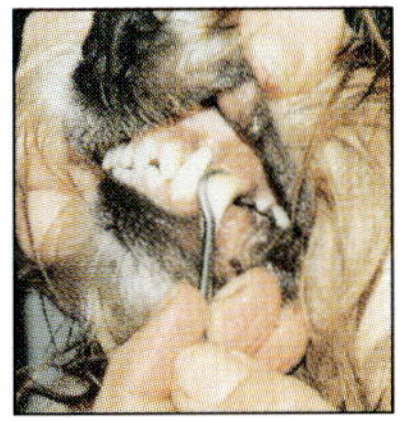

bede

4. Auflage 2007

ISBN-10:3-933646-37-5
ISBN-13:978-3-933646-37-8
bede-Bestell-Nr. PR 075

Fachliche Mitarbeit:
Thomas Lang

FOTONACHWEIS
Alle Fotos von Carol Ann Johnson, zusätzliche Fotos von: Norvia Behling, T. J. Calhoun, Carolina Biological Supply, Juliette Cunliffe, David Dalton, Doskocil, Isabelle Français, James Hayden-Yoav, James R. Hayden, RBP, Bill Jonas, Dwight R. Kuhn, Dr. Dennis Kunkel, Mikki Pet Products, Antonio Philippe, Phototake, Jean Claude Revy, Dr. Andrew Spielman. Illustrationen Renée Low.

Wir danken Jackie Carrington, Juliette Cunliffe, Carol Ann Johnson, Cheryl and Dave Johnston, Dr Mike Tempest, Tyras und allen anderen Hundebesitzern, die an diesem Buch beteiligt waren.

Der Tibet Terrier hat seinen Ursprung, der Name verrät es, in Tibet. Die Höhen des Himalaya zählen zu den höchsten Gebieten der Erde. Die Rasse hat die Herzen vieler Hundeliebhaber erobert. Man findet den Tibet Terrier heute auf der ganzen Welt.

Die Geschichte des Tibet Terrier

Der Tibet Terrier ist eine bezaubernde, unempfindliche, intelligente und aktive Rasse, die vom „Dach der Erde“, einem mystischen Land mit kargen Landschaften, kommt. Die Hunde müssen, genau wie die Einwohner dieses Landes, mit extremen Temperaturen, grellem Tageslicht und der großen Höhe kämpfen; die meisten Tibeter leben in einer Höhe zwischen 3 200 und 5 000 Metern über dem Meeresspiegel.

In den vergangenen Jahren gab es immer wieder Verwirrungen zwischen dem Tibet Terrier und dem nahe verwandten Lhasa Apso. Ein Teil dieser Verwirrung lässt sich darauf zurückführen, dass die Tibeter alle kleinen Hunde, vor allem die mit einem langen Fell, als „Apso“ bezeichnen. In der Tat finden wir selbst heute im Britischen Museum einen sorgfältig präparierten Lhasa Apso, der als Tiber Terrier ausgewiesen ist.

Diese Verwirrung führte dazu, dass einige Hunde der Rasse in ihrer Größe als Malteser, andere wiederum als so groß wie Russische Pudel beschrieben wurden. Heute ist uns klar, dass diese Abweichungen einfach darauf beruhten, dass verschiedene Rassen zusammengefasst wurden. Um die Sache noch etwas verwirrender zu gestalten, wurden Tibet Terrier in den ersten Jahren als Lhasa Terrier registriert. Etwas hatten aber alle diese Hunde gemeinsam: Ihre Rute trugen sie geringelt über dem Rücken

Erste Aufmerksamkeit

Miss Nye aus Indien war die Besitzerin des bekannten Tibet Terriers Puck. Während eines Urlaubs in Kashmir rettete er sein Frauchen vor dem Sturz in den Fluss Jelhum. Dr. Greig schickte einen Bericht darüber an die englische Zeitung *Daily Mirror*, wodurch die Rasse erste Aufmerksamkeit auf sich zog.

getragen, ein sehr charakteristisches Merkmal für alle heute bekannten tibetischen Hunderassen

Die Autorin reist selbst regelmäßig in das Gebiet des Himalaya, um die Hunde und die Menschen dort zu beobachten und kennenzulernen. Sogar im Ursprungsland Tibet macht sie die Erfahrung, dass die Trennung zwischen den beiden Rassen nicht immer leicht und eindeutig ist. Wie dem auch sei, es gibt heute mit den unterschiedlichen Standards für den Lhasa Apso und den Tibet Terrier klare Abgrenzungsmöglichkeiten, anhand derer die Rassen unterschieden werden können.

Um 1900 wurde der kleinere Lhasa Apso allmählich auch außerhalb seiner Landesgrenzen bekannter. Einige Enthusiasten waren bemüht, auch der etwas größeren Rasse aus Tibet, die dem Lahsa Apso sehr ähnlich ist, zu mehr Aufmerksamkeit zu verhelfen. Der wundervolle Hund, der diese Bemühungen wert war, ist natürlich der Tibet Terrier. Reisende konnten beobachten, wie der Tibet Terrier eine Schafherde zusammentrieb, sie auf Befehl seines Besitzers die Berge hinauf führte und sie dabei so zusammenhielt, wie man es eher von einem Collie erwartet hätte. Die Hunde wurden dabei beobachtet, wie sie fast mühelos mit dem Geschick einer Katze über Spalten von Fels zu Fels sprangen. Die Hunde durften sich in den bergigen Regionen Tibets auch keinen Fehler leisten, denn die Abgründe sind steil und ein Fehltritt konnte allzu schnell den Tod bedeuten. Hier finden wir den Grund, warum der Tibet Terrier relativ große, runde Pfoten besitzt, die sich in ihrer Form sehr von den Pfoten anderer Rassen unterscheiden, was auch im Standard gefordert wird.

Da sich viele Geschichten, die über die kleineren Hunderassen Tibets erzählt wurden, sowohl auf den Lhasa Apso als auch auf den Tibet Terrier bezogen, gab es schon immer eine anhaltende Diskussion über die unterschiedliche Verwendung der beiden Rassen. Es gibt keinen Zweifel darüber, dass Tibet Terrier schon immer vor allem zum Schafe Hüten und als Begleiter von Packvieh eingesetzt wurden. Häufig betranken sich die Führer der Packtiere dermaßen, dass sie am Rande einer Alkoholvergif-

Die Liebe zum Tibet Terrier

In schwierigen Zeiten großer Hungersnöte haben die Tibeter alles hergegeben, nur ihre Hunde nicht, so sehr waren sie ihnen ergeben. Die Tibeter gaben ihre Hunde nur als Geschenke weiter, oder als Dankeschön für erhaltene Leistungen.

Der Lhasa Apso ist ein naher Verwandter des Tibet Terriers. Das Gesicht des Lhasa Apso ist immer durch Haare verdeckt, die die Augen des Hundes vor Wind, Schnee und aufgewirbeltem Sand schützen.

Die Gattung *Canis*

Hunde und Wölfe sind Mitglieder der Gattung *Canis*. Wölfe tragen die wissenschaftliche Bezeichnung *Canis lupus*, während Hunde als *Canis familiaris* bezeichnet werden. Hunde und Wölfe können sich untereinander paaren. Der Begriff *canis* kommt aus dem Lateinischen und bedeutet hundeartig. Dies ist zwar kein wissenschaftlicher Begriff, er wird aber schon seit tausenden von Jahren benutzt.

tung standen. Es wird einzig der Energie, dem Willen und der Intelligenz der Tibet Terrier zugeschrieben, dass sie auf dem richtigen Weg blieben und ihr Ziel immer erreichten. Wenn ein Führer völlig erschöpft in den Schnee fiel, kam sein Tibet Terrier zu ihm, sprang auf seine Brust und nötigte ihn solange, bis dieser wieder aufstand und weiterging. Es wird auch berichtet, dass diese Hunde so wendig waren, dass sie eine große Hilfe bei der Suche nach verlorenen Gegenständen darstellten. Geschickt bargen sie die verlorenen Gegenstände selbst aus beinahe unzugänglichen Plätzen am Rand der unsicheren Wege.

Der Tibet Terrier scheint sehr nah mit europäischen und asiatischen Hütehunden verwandt zu sein, darunter vor allem den ungarischen Rassen Pumi und Puli und der Owczarek Nizinny aus Polen. Diese drei Hütehundrassen sind alle ähnlich groß wie der Tibet Terrier und sie haben alle dieses wundervoll dichte Fell, wobei nur der Puli die typische schnurartige Behaarung trägt. Diese Behaarung ist das Markenzeichen des ungarischen Puli, wohingegen der ungarische Pumi für seine aufrechten, nach vorne zeigenden Ohren bekannt ist. Dem Polski Owczarek Nizinny wird eine menschengleiche Persönlichkeit und Intelligenz zugesprochen. Wie auch der Tibet Terrier sind all diese Rassen hervorragende Begleiter und exzellente Wachhunde mit einer liebevollen und aufgeweckten Persönlichkeit.

Dr. Greig lernt den Tibet Terrier kennen

Im Jahr 1920 arbeitete Dr. Greig in Cawnpore als Mitglied des „Women´s Medical Service of India“. Die Geschichte, wie sie auf die Rasse aufmerksam wurde, begann abenteuerlich, als eine Familie im Krankenhaus ankam. Neben ihrem gesamten Hab und Gut führten sie auch ihre Tiere mit sich. Die Frau hatte eine

Hitzige Treffen

Als zu Beginn der Jahre nach 1930 die Teilung der tibetischen Rassen ihren Weg nahm, führte man im Haus von Lady Freda Valentin in London hitzige Diskussionen. In ihrer unnachahmlichen Art fragte Lady Freda die aufgebrachte Dr. Greig, ob sie die Sahnetorte herumreichen könnte. So musste Dr. Greig mit den anwesenden Damen sprechen, und diese mit ihr – das Eis war gebrochen!

große Zyste am Eierstock, die operativ entfernt werden musste. Die Familie war sehr erregt, als sie erfuhr, dass ihr Hund Lilly nicht mit im Krankenhaus bleiben durfte. Als eine Art Kompromiss bot ihnen Dr. Greig an, dass der Hund bei ihr im Bungalow bleiben könne, bis die Frau wieder kräftig genug sei, sich um Lilly zu kümmern. Die Familie aus Tibet war sich bestimmt nicht dessen bewusst, welchen Einfluss dieses Zusammentreffen auf die Verbreitung des Tibet Terriers in der westlichen Welt haben würde.
Als sich die Patientin wieder erholt hatte, bot sie Dr. Greig an, einen der Welpen ihres Hundes als Zeichen ihrer Dank-

Kynologen halten die europäischen Hütehundrassen für nahe Verwandte der tibetischen Hunderassen. Das Kennzeichen des ungarischen Puli ist sein verfilztes Fell.

Die Ohren des aus Ungarn stammenden Pumi gehören zu den merkwürdigsten aller Hundeohren. Auch er scheint nah mit dem Tibet Terrier verwandt zu sein.

barkeit zu behalten. Sie wählte mit Bunti eine Hündin aus, deren Fell golden und weiß war. Dr. Greig stellte bereits Pekingesen aus und als Bunti ein Jahr alt war, fragte sie beim Indian Kennel Club an, ob sie nicht auch Bunti ausstellen dürfe. Bunti wurde zunächst nicht vom indischen Richterausschuss zugelassen, aber man stimmte überein, dass die Nachkommen nach drei Generationen nochmals zu einer Einschätzung vorgeführt werden dürften.

Rajah wurde als Zuchtrüde für die Paarung mit Bunti ausgewählt, die ihren ersten Wurf an Weihnachten des Jahres 1924 zur Welt brachte; tatsächlich wurde Rajah auch der Vater ihres zweiten Wurfs, den sie 1925 zur Welt brachte.

Glanz im Ausstellungsring

Dr. Greig, die nicht der Meinung war, dass der Tibet Terrier im Ausstellungsring glamourös in Szene gesetzt werden sollte, bemerkte: „Sie benötigen keinen Friseur für die Ausstellung". Dr. Greig besaß viele Tibet Terrier, denen sie niemals das Fell kämmte. So zeigten sich die Hunde dieser forschen Dame leider immer mit einem recht ungepflegten, verfilzten Fell, das ihr die Pflege sicher nicht vereinfachte.

Der Polski Owczarek Nizinny ist dem Tibet Terrier in vielen Punkten sehr ähnlich und man kann ihm ebenso schwer widerstehen. Dieser polnische Hütehund findet weltweit immer mehr Freunde.

Im folgenden Jahr kehrte Dr. Greig für zehn Monate mit Bunti, einer Hündin ihres ersten Wurfs und einem Rüden des zweiten Wurfs nach England zurück. Diese drei Hunde wurden beim English Kennel Club registriert und in der Dezemberausgabe der *„Kennel Gazette“* veröffentlicht, wobei Buntis Name leider falsch als „Bunty“ geschrieben wurde.
Im Jahr 1927 wurde Bunti mit ihrem Sohn Ja-Haz verpaart. Mit einem der Welpen, Mr. Binks genannt, kehrte Dr. Greig nach Indien zurück. Mr. Binks sollte der erste Tibet Terrier werden, der vier Challenge Certificates (Siegertitel) in Indien gewann! Schließlich stimmte man zu, dass die Hunde von Dr. Greig als eigene Rasse anerkannt und eingetragen wurden, als Tibet Terrier.
Der Indian Kennel Club verfasste 1930 einen Standard für den Tibet Terrier, der im folgenden Jahr als eigene Rasse auch vom English Kennel Club anerkannt wurde und dessen Standard in der *„Kennel Gazette“* veröffentlicht wurde.
Miss Nye, eine Freundin und Kollegin von Dr. Greig, fing ebenfalls an, sich sehr für den Tibet Terrier zu interessieren. Zusammen besaßen sie einen

Colonel Bailey besaß diesen Tibet Terrier etwa 1930.

Rüden und eine Hündin. Die Hündin war im Besitz von Dr. Greig, der Rüde gehörte Miss Nye. Dr. Greig hatte ihr Herz an die Zucht der Tibet Terrier verloren. Doch sie merkte nach zwölf Jahren, die sie in Indien gearbeitet hatte, dass ihr Heimweh immer stärker wurde. So kam es, dass sie Anfang der dreißiger Jahre das Frauenkrankenhaus in Indien verließ und zusammen mit Miss Nye einen Zwinger auf der Insel Jersey gründete. Dorthin nahmen sie einige ihrer Hunde aus Indien mit.
Ungefähr zur gleichen Zeit waren die Anhänger des Lhasa Apso sehr bemüht, ihre Rasse klar von den sehr ähnlichen Shih Tzus abzugrenzen. Als schließlich alle strittigen Fragen um die beiden Rassen geklärt waren, war die Zeit für die Gründung der „Tibetan Breed Association“ gekommen. Die Rassestandards für den Lhasa Apso, den Tibet Terrier, den Tibet Spaniel und den Tibet Mastiff wur-

Treue Wächter

Obwohl die Tibet Terrier in ihrem Heimatland tagsüber freundliche Hunde waren, konnten sie ihr Herrchen und dessen Besitz nachts zuverlässig verteidigen. Die Nomaden Tibets ließen oft einige Tibet Terrier mit der Gewissheit vor ihren Zelten wachen, dass weder Mensch noch Tier an ihnenvorbeikommen würde.

den 1934 hinterlegt. Der Shih Tzu wurde als eigene Rasse gehandhabt und stand nicht unter Obhut der neu gegründeten „Tibetan Breed Association".

Einige Züchter begannen nun, sich für den Tibet Terrier zu begeistern, obwohl das Wort „Terrier" im Rassenamen vor allem bei denjenigen für Verwirrung sorgte, die sich mit der Rasse nicht so gut auskannten, darunter auch einige Richter. Der Tibet Terrier war nie ein Terrier im ursprünglichen Sinn des Wortes. Terrier sind Hunde, die in der Erde nach Fuchs, Dachs und – je nach Größe – auch kleineren Nagetieren jagdten; so leitet sich das Wort „Terrier" auch vom lateinischen Wort „terra" für „Erde" ab. Trotzdem wird der Tibet Terrier auch heute noch in einigen Länder in einer Gruppe mit den „eigentlichen" Terriern geführt. In den USA und in Großbritannien wird der Tibet Terrier als Gebrauchshund eingestuft, wohingegen er in der Fédération Cynologique Internationale (FCI), und somit durch den Verband für das Deutsche Hundewesen e. V. (VDH) auch in Deutschland, als Gesellschafts- und Begleithund klassifiziert ist.

Noch 1932 war der Tibet Terrier eine echte Seltenheit im Ausstellungsring. Die Original Bildunterschrift des Fotografen zu diesem Bild war: „Tibet Terrier trifft man nur selten außerhalb Tibets, aber Mrs. Greigs „Ghoto Sahib" aus dem Zwinger „Ladkok" ist ein schönes Beispiel der Rasse und erschien 1932 auf der „The Kennel Club Show".

Die Heimat des Tibet Terriers

Tibet, die Heimat des Tibet Terriers, ist ein Hochplateau, das um Lhasa herum etwa 3.200 Meter über dem Meeresspiegel liegt. In seiner Fläche entspricht Tibet der Größe von Frankreich, England und Deutschland zusammen. Die Temperaturunterschiede während eines Tages sind enorm und können zwischen 0 °C und 38 °C liegen!

Der Erfolg der Rasse in den dreißiger Jahren genügte dem Kennel Club in Großbritannien dafür, im Oktober 1937 „Challenge Certificates" für die Rasse auf der großen Crufts-Hundeausstellung zu verteilen. Dadurch hatte der Tibet Terrier endgültig den Championship Status erworben.

Die Beschreibung des Tibet Terriers aus dem Jahr 1938

Der Katalog der Crufts-Hundeausstellung war lange Zeit für seine kurzen Rassebeschreibungen bekannt, durch die viele Interessierte das erste Mal in aller Kürze alles Wissenswerte über ihre Rasse erfahren konnten. Diese Beschreibung stellt den Tibet Terrier in die Nähe eines kleinen Bobtail-Typs. Die Gewichtsspanne, in der sich der Tibet Terrier bewegen durfte, lag zwischen sieben und 13,5 Kilogramm! Die offiziell verantwortliche

Richterin für die Rasse war auf dieser Ausstellung Mrs. D. F. Gardiner, die in ihrer Kritik an der Rasse vor allem auf die auffallenden Größenunterschiede innerhalb der Rasse einging, die sie als etwas beunruhigend und verwirrend empfand. Dennoch bescheinigte sie der Rasse, dass der Typ klar herausgearbeitet sei. Sie kam zu dem Ergebnis, dass der Tibet Terrier eine durch und durch attraktive Rasse sei.

Dr. Greig kommt nach Großbritannien

Mitte der dreißiger Jahre kam Dr. Greig nach England, um ihre Mutter in Royden, Essex, zu besuchen. Ihre Mutter war bereits eine anerkannte Hundezüchterin und ihre Zwinger „Lamleh" und „Ladkok" waren in der ganzen Welt äußerst bekannt. Dr. Greig und ihre Mutter verkauften ihre Tibet Terrier Ende der dreißiger Jahre in die ganze Welt.

Der zweite Weltkrieg

Lebensmittel waren während des Krieges knapp und Hundeschauen fanden zu dieser Zeit nicht statt. Gerade zu einer Zeit, als der Tibet Terrier auf dem Vormarsch war und die Gunst des Publikums erwarb, warf der Krieg alle Pläne

Die Autorin (die zweite von rechts) trat häufig im Fernsehen auf, wenn es um die tibetischen Hunderassen ging. Einer der Moderatoren war der allseits bekannte Desmond Morris. Auf dem Foto sehen wir von links den Tibet Mastiff, der seinen ursprünglichen Namen Do-Kyi zurück erhält, den Tibet Spaniel, den Shih Tzu und den Tibet Terrier.

Mrs. Greig und ihre Tochter Dr. Greig gehörten anfangs zu den bedeutendsten Tibet Terrier-Besitzern in England. Auf dem Foto sehen wir sie mit einigen ihrer Hunde, die von Mrs. Greig gezüchtet wurden.

der Züchter über den Haufen. Nicht alle Hundehalter behielten ihre Hunde während des Krieges. Vielleicht auch um weiteren Verlusten durch eine Staupe-Epidemie zu trotzen, beschlossen einige Züchter, dass ihre Rasse nicht einfach aussterben dürfe. Dr. Greig beschloss, Kaninchen zu züchten. Einerseits konnte sie so ihre Fleischration verbessern und die Hunde ernähren, andererseits konnte sie die Kaninchenfelle verkaufen.

Einige Halter scherten ihre Tibet Terrier regelmäßig während der Kriegsjahre, um aus den Haaren Wolle für Kleidung zu spinnen. Nur eine Handvoll Tibet Terrier überlebte den Krieg. Im Jahr 1947 importierte Colonel Ronald Cardhew Duncan, der auch das seltene und wertvolle kleine Buch *„Tomu From Tibet“* geschrieben hat, seine Princess Salli nach England. Ein Angestellter Nepals hatte Salli Mrs. Duncan geschenkt. Die Hündin verbrachte insgesamt zwei Jahre in Indien, wo sie zweimal warf. Ein Welpe fand ebenfalls seinen Weg mit den Duncans zurück nach England.

Der niedliche Taikoo Kokonor gehörte Mr. R. C. Matthews aus Victoria in Kanada. Das Bild entstand um 1931.

Miss Margaret Torrible war die Besitzerin des Kokonor-Zwingers in Victoria in Kanada. Sie war die einzige Züchterin von Tibet Terriern in Nordamerika. Ihr gebührt der Dank dafür, dass die Rasse dort so bekannt wurde.

Die fünfziger Jahre

Der Tibet Terrier hatte den Krieg überlebt. Allerdings war er auf den Hundeausstellungen, die sich in den fünfziger Jahren wieder zu einem beliebten Zeitvertreib entwickelten, noch nicht sehr zahlreich vertreten. Trotzdem wurde 1956 entschieden, dass jede der tibetischen Rassen, die bisher unter Obhut der Tibetan Breed Association gestanden hatten, durch einen eigenen Rasseverein repräsentiert werden sollten. Zur Gründung des Vereins brauchte man 25 Gründungsmitglieder, und der „Tibetan Terrier Club“ war gegründet.

Einige Unruhe kam in den fünfziger Jahren in der Rasse auf, als Mrs. Constance Downey einen Rüden zweifelhafter Herkunft als Tibet Terrier registrieren ließ, der später sogar Champion wurde. Dieser Hund, der mit einer Hündin gekreuzt wurde, deren Mutter ebenfalls unbekannter Herkunft war, bildete den Grundstock des „Luneville“ Zwingers, der stetig erfolgreicher wurde.

Ein neuer Rasseverein

Der „Tibetan Terrier Club“ schien nicht genügend an die Zukunft gedacht zu haben, denn in den sechziger Jahren wurden Stimmen von neuen Anhängern der Rasse laut, die den bestehenden Club für eher unkommunikativ hielten. Darum gründeten sie 1967 die „Tibetan Terrier Association“ (TTA), deren Ziele sehr umsichtig formuliert wurden. Dabei fällt vor allem auf, dass die Satzung jeden dazu verpflichtete, „Zuchtaufzeichnungen sorgfältig zu führen“ und „die Zucht in Zusammenarbeit miteinander und nicht im Wettkampf gegeneinander zu gestalten, um einer sicheren Zukunft der Rasse entgegensehen zu können.“

Die wirklich beachtenswerte Anzahl von 61 Tibet Terriern nahm an der ersten Rassezuchtschau der TTA im September

Shah of Ladkok war einer von Mrs. Greigs Tibet Terriern. Er galt Anfang der dreißiger Jahre als einer der typischsten Tibet Terrier Englands.

Die Autorin trifft zwei Tibet Terrier zusammen mit einem Buddhisten in den Bergen des Himalaya. Der Welpe auf dem Arm der Autorin wurde von dem Rüden auf dem Foto gezeugt.

1968 teil, auf der Herr Willy Pluss und Mme. Monique Stoecklin Pobe aus der Schweiz als Richter fungierten. Mme. Monique Stoecklin Pobe ist eine wirklich bemerkenswerte Frau, mit der die Autorin in den letzten Jahren interessante Gespräche über die tibetischen Rassen führen konnte.

Der Tibet Terrier in Europa

Dr. Greig sandte 1931 eine Tibet Terrier-Hündin nach Holland und später nochmals eine. Man nimmt aber an, dass es nicht diese Hunde waren, die den heutigen Zuchtstamm in Holland begründeten. Dr. Greig verkaufte 1937 einen Tibet Terrier nach Italien und 1939 zwei Hunde nach Deutschland. Die deutsche Züchterin erwarb noch einen weiteren Tibet Terrier aus Italien. Leider endet die Geschichte ihres Zwingers sehr tragisch im Jahr 1944, als sie erschossen wurde. Die Greigs verkauften 1939 auch ein Zuchtpaar nach Dänemark, aber eine regelmäßige Zucht konnte sich hier erst

Der Shih Tzu war in Großbritannien vor den frühen dreißiger Jahren nicht sehr bekannt und wurde oft für einen Lhasa Apso gehalten. Die Rasse ist merklich kleiner als der verwandte Tibet Terrier.

Das Foto eines Tibet Terriers aus den dreißiger Jahren, das seine buschige Rute und sein struppiges Fell zeigt.

in den sechziger Jahren etablieren. Der schwedische Tibet Terrier Club wurde 1972 gegründet. Im gesamten skandinavischen Raum ist die Begeisterung für und die Hinwendung zu dieser Rasse sehr groß.

Der Tibet Terrier und der Rest der Welt

Der bezaubernde Tibet Terrier hat seinen Weg langsam in viele Länder der Welt gefunden, in denen er auch die Herzen vieler Menschen gewinnen konnte. Miss Murphy, eine Freundin von Dr. Greig, half dabei, die Zucht in den USA zu etablieren. In Kanada dauerte

Das Bild wurde 1999 von der Autorin in Nepal aufgenommen und zeigt einen Tibet Terrier.

Dieses Foto zeigt zumindest, wie wertvoll die Hunde in Nepal sind. Sicherlich würde niemand bei uns seinen Hund so unterbringen, aber dieser Tibet Terrier wirkt sauber und gut gepflegt. Foto: Juliette Cunliffe

dies noch bis zum Jahr 1974, obwohl die Rasse dort seit den frühen sechziger Jahren bekannt ist. In fast allen Ländern, in denen Hundeausstellungen stattfinden, kann man inzwischen auch Tibet Terrier in größerer oder kleinerer Zahl finden.

Die Autorin hat selbst sehr viel mit den tibetischen Hunderassen zu tun und muss an dieser Stelle ausdrücklich die ernsthaften Bemühungen der Tibet Terrier-Halter weltweit um ihre Rasse erwähnen. Jedes Jahr erscheinen begeisterte Tibet Terrier-Züchter und -Halter auf der Crufts-Hundeschau, um die Bewertungen zu beobachten und Gleichgesinnte zu treffen. Alle zwei Jahre werden sogar Weltkongresse für Tibet Terrier in verschiedenen Ländern organisiert, die von Liebhabern und Züchtern, die oftmals tausende von Kilometern anreisen müssen, gleichermaßen gut besucht werden. Zweifellos ist der Tibet Terrier in guten Händen und die ersten Züchter der Rasse wären sicherlich froh, die Nachkommen ihrer Hunde so gut betreut zu sehen.

So sieht der Tibet Terrier in seinem Ursprungsland aus. Beachten Sie vor allem, wie anders das Fell wirkt, wenn es nicht für eine Ausstellung zurechtgemacht wird. Dieser Tibet Terrier untersucht gerade eine Opferstelle. Foto: Juliette Cunliffe.

Der Charakter des Tibet Terriers

Köper und Geist

Im Lauf der Jahrhunderte, in denen Hunde gezüchtet wurden, wurden ihre geistigen und körperlichen Fähigkeiten so ausgewählt, dass sie den Anforderungen des Menschen genügen. Hunde wurden zur Jagd, zum Stöbern, zum Fährtenlesen oder als Wachhund genutzt. Auch in den letzten 150 Jahren wurden die Hunde nicht nur nach ihrem Aussehen, sondern auch nach ihren Fähigkeiten beurteilt.

Der Tibet Terrier ist auf viele Arten eine durch und durch wundervolle Rasse. Es fällt einem in der Tat schwer, sich der Ausstrahlung dieser entzückenden Rasse zu entziehen, deren Ahnen aus einem Land kommen, das sich tief in seine Geheimnisse hüllt. Die typischen Hauptmerkmalen des Tibet Terrier gehören, haben auch ihren praktischen Nutzen; sie sind nicht nur einfach ästhetisch, sie sind auch überlebenswichtig.
Seine Größe ist handlich, nicht zu groß, nicht zu klein.Seine Persönlichkeit und Intelligenz machen den Tibet Terrier zu einem wunderbaren, immer zu Späßen aufgelegten Begleiter. Sie müssen sich allerdings bewusst sein, dass das Fell schon einiges an Pflege benötigt, um es in einem ansehnlichen, knotenfreien Zustand zu halten.

Persönlichkeit

Mit seiner lebendigen und gutmütigen Art ist der Tibet Terrier ein treuer Begleiter. Beachten Sie aber, dass er gezüchtet wurde, um Fremden auch skeptisch gegenüberzutreten.
Aufgrund ihrer Lebendigkeit und Intelligenz braucht die Rasse eine freundliche, aber bestimmte Erziehung. Vom Welpenalter an muss dem Tibet Terrier gezeigt werden, dass sein Besitzer das Sagen hat, der wiederum mit Treue und Zuneigung belohnt wird. Obwohl der Tibet Terrier entschlossen und furchtlos ist, sollte er doch auf keinen Fall bissig sein.

Körperliche Merkmale

Dieser robuste, kräftige Hund von mittlerer Größe wurde auf Kraft und Ausdauer gezüchtet. Seine quadratische Körperform und sein langes Fell lassen

Doppelte Wolfskrallen

Wolfskrallen werden häufig schon vom Züchter entfernt. Dies beugt Unfällen vor und macht die Fellpflege einfacher. Manchmal treten an den Hinterläufen doppelte Wolfskrallen auf. Sollten die Wolfskrallen nicht entfernt werden, achten Sie auf sie und denken daran, auch hier die Krallen regelmäßig zu schneiden.

Schön, intelligent und bezaubernd – der Tibet Terrier hat viele Eigenschaften, die ihn in Deutschland und weltweit zu einer beliebten Rasse gemacht haben.

Der Tibet Terrier ist ein abgehärteter Hund, der am liebsten bei jedem Wetter mit seinem aktiven Besitzer unterwegs ist.

sofort seine Zugehörigkeit zu den orientalischen Rassen erkennen. Der Tibet Terrier weist keinerlei züchterischen Übertreibungen auf, sein Schädel ist von mittlerer Länge, sein Körper ist gut bemuskelt, kompakt und kräftig. Die langen Hinterbein mit ihren gut gewinkelten Kniegelenken befähigen die Rasse, sich auch in unwegsamem Gelände in großen Höhen, wie es in ihrer Heimat zu finden ist, sicher zu bewegen.

Die Pfoten sind groß, rund und flach. Sie sind nicht nur griffig, sondern funktionieren ebenso als eine Art Schneeschuh. Die Pfoten sollten keine Wölbung aufweisen, und da der Tibet Terrier flach auf seinen Ballen steht, wird der Eindruck der flachen Pfoten noch verstärkt. Die Ballen sind dick und die Zwischenräume sind reichlich behaart.

Größe

Die Größe des Tibet Terriers hat schon immer für Diskussionen gesorgt, denn sie scheint ziemlich stark zu variieren. Wenn man sich nach dem Standard der FCI (Fédération Cynologique Internationale) richtet, sollten die Rüden eine Schulterhöhe von 35,6 bis 40,6 Zentimeter (14 bis 16 Inches) aufweisen, wobei die Hündinnen etwas kleiner sind. Der Originalstandard für den Tibet Terrier aus dem Jahr 1934 gab allerdings eine maximale Größe von 17 Inches an (etwa 43 Zentimeter), die in den frühen Jahren nur aufgrund eines Druckfehlers heruntergesetzt wurde.

Die starken Größenunterschiede rühren noch vom Ursprung der Tibet Terrier her. In ihrer Heimat wurden die Hunde, zu verschiedenen Aufgaben eingesetzt, beispielsweise als Hüte- oder Wachhunde. Nicht alle Tibet Terrier haben die vorgeschriebene Größe, aber die Qualität der Hunde und ihre Ausgeglichenheit sollten als wichtiger als ihre Größe erachtet werden.

Obwohl der britische und zugleich FCI-Standard keine Aussagen über das Gewicht des Tibet Terriers macht, muss

Der Tibet Terrier (in der Mitte) mit zwei Tibet Spanieln. Der Tibet Terrier ist ein mittelgroßer Hund und darf nicht mit einem spielzeuggroßen Schoßhund verwechselt werden.

dieses der Größe der Hunde angepasst sein und ist somit auch Schwankungen unterworfen. Als Richtwert kann man sagen, dass ein kleinerer Tibet Terrier am unteren Ende der Größenskala etwa acht bis neun Kilogramm, ein größerer am oberen Ende der Skala etwa elf bis dreizehn Kilogramm wiegen sollte.

Fellbeschaffenheit und Fellfarbe

Der Tibet Terrier besitzt ein doppeltes Haarkleid: die weiche Unterwolle und das lange, üppige Deckhaar. Diese Behaarung war notwendig für das Überleben der Hunde in ihrer Heimat, einem Land mit extremen klimatischen Verhältnissen. Um ihnen das Überleben zu ermöglichen, musste das Deckhaar widerstandsfähig und wasserundurchlässig sein, damit die wärmende Unterwolle immer trocken blieb. Das Deckhaar wird im Standard zwar als „fein" beschrieben (also nicht grob oder rauh), darf aber gleichzeitig nicht wollig oder seidig sein. Das lange Fell des Tibet Terriers reicht nicht bis zum Boden, wie es das Fell des modernen Lhasa Apso-Typs heute tut, aber es scheint zwischen den einzelnen Zuchtlinien Unterschiede in der Entwicklung des Fells zu geben. Dabei kann das Fell glatt oder leicht gewellt, aber niemals lockig sein.

Ein Schutz für die Augen

Der Fell des Tibet Terriers fällt nach vorne über seine Augen. In dem rauhen Klima Tibets schützt das Haar so die empfindlichen Augen vor dem grellen Sonnenlicht, vor dem gleißenden Licht der Schneelandschaften und vor den Sandwehen.

Irgendjemand ein Dunkles vom Fass? Dieser schwarze Tibet Terrier heißt „Guinness", man beachte das Sweat-Shirt!

Das Fell eines Tibet Terrier zeigt sich frühstens ab einem guten Jahr in seiner ganzen Fülle, bei einigen Hunden müssen Sie sogar drei oder vier Jahre warten, bis das Fell vollständig entwickelt ist. Das Fell der Welpen ist weicher und hat oft noch keine Unterwolle, die sich erst während des Heranwachsens bildet.

Das lange Doppelfell dieser Rasse benötigt schon sehr viel Pflege, wenn Sie es in einem guten Zustand halten möchten und sich keine Knötchen oder Verfilzungen zeigen sollen. Die Pflege beansprucht eine Menge Zeit, das sollten Sie sich unbedingt vor der Anschaffung eines Tibet Terriers überlegen! Da das Fell immer eine gewisse Tendenz hat zu

Glücksbringer

Man glaubt in Tibet, dass der Tibet Terrier seinem Besitzer Glück bringt. Deshalb wurden diese Hunde nie verkauft, weil man befürchtete, so das Schicksal herauszufordern.

verfilzen, fliegen recht wenige Haare herum. Ausgefallene Haare können Sie sehr gut beim Bürsten entfernen.

Es ist eine wahre Freude für das Auge, wenn Sie einmal ruhig am Schauring stehen und gut gepflegte Tibet Terrier in allen möglichen Farben beobachten. Die Farben dieser Hunde variieren sehr stark, vielleicht stärker als in allen anderen Rassen.

Der Rassestandard erlaubt folgende Farben: weiß, golden, creme, grau oder rauchfarben, schwarz, zwei- oder dreifarbig. Schokoldaenfarbig und leberbraun sind nicht erlaubt, obwohl diese Farben in der Rasse auftreten und diese Hunde sehr schön aussehen können. Interessanterweise scheinen die Tibeter selbst überhaupt keine Abneigung gegen schokoladenfarbige oder leberbraune Hunde zu haben.

Die Fellfarbe steht im Zusammenhang mit der Hautpigmentierung. Leberbraune und schokoladenfarbige Hunde sind nicht in der Lage, schwarzes Pigment zu bilden. Diese Hunde zeigen deshalb nicht die gewünschte schwarz pigmentierte Nase und die schwarzen Augenrändern. Die Ursache ist genetisch fixiert.

Rute

Wie bei allen tibetischen Hunderassen ist die Rute des Tibet Terriers hoch angesetzt und wird geringelt über dem Rücken getragen. Die Rute ist eine Verlängerung der Wirbelsäule und für die Hunde eine wichtige Möglichkeit der Körpersprache. Bei dieser Rasse sollte sie immer fröhlich geringelt getragen werden. Am Ende der Rute werden Sie bei vielen Tibet Terriern einen Knick feststellen können, der dort völlig richtig am Platz, aber nicht notwendig ist. Versuchen Sie nicht, diesen Knick gerade zu

Um die Fellpflege zu vereinfachen, können Sie Ihre Tibet Terrier auch so kurz scheren, wie auf dem Bild gezeigt.

Die Hündinnen sind meist etwas kleiner als die Rüden.

biegen, denn das kann zu Verletzungen führen. Dieser Knick ist ein höchst typisches Merkmal und man findet ihn bei vielen tibetischen Hunden.

Rassetypische Gesundheitsprobleme

Der Tibet Terrier ist insgesamt ein robuster, gesunder Hund und seine Züchter haben sich gewissenhaft darum bemüht, Erbkrankheiten aufzuspüren und zu bekämpfen. Die Probleme müssen beobachtet werden und man muss geeignete Gegenmaßnahmen ergreifen, indem man zum Beispiel die Zuchtprogramme ändert oder die Kriterien für die Zuchtzulassung verschärft. Aller Dank gebührt denen, die sich so hart für eine Verbesserung der Rasse eingesetzt haben.

Verschiedene Gesundheitstests sind inzwischen durchführbar und Sie sollten sich als Besitzer an Ihren Tibet Terrier Club wenden, um zu erfragen, welche Tests derzeit sinnvoll sind und empfohlen werden können. Die Adressen der Clubs, die sich in Deutschland um den Tibet Terrier kümmern, erhalten Sie, ebenso wie weitere nützliche Adressen, am Ende dieses Buchs.

Alle Tibet Terrier, die in der Zucht eingesetzt werden sollen, müssen sich einem Augentest unterziehen. Auch wenn Sie nicht planen, mit Ihrem Tibet Terrier zu züchten, sollten Sie Ihren Hund regelmäßig untersuchen lassen. Sie spielen so eine ganz entscheidende Rolle in der Verbesserung der Rasse, indem Sie wichtige Informationen über den allgemeinen Gesundheitszustand der Rasse liefern. Je mehr Halter ihren Tibet Terrier untersuchen lassen, desto vollständiger wird das genetische Bild dieser Rasse und Sie helfen den Züchtern in ihren Bemühungen, Gesundheitsprobleme zu bekämpfen.

Tibet Terrier tragen ihre Rute, wie die anderen tibetischen Rassen, über ihrem Rücken.

Sei lieb zu Tieren

Seine Heiligkeit, der Dalai Lama, der momentan im Exil in Dharamsala im Norden Indiens lebt, besaß einen Tibet Terrier, der auf den Namen „Senge“ hörte. Alle wahren Buddhisten gehen mit ihren Hunden und allen anderen Lebewesen freundlich um. Sie glauben an die Wiedergeburt, und selbst eine Ameise könnte einmal ein Freund gewesen sein.

Hunde sind gut für Ihr Herz!

Normalerweise kauft man sich einen Hund, um einen treuen Begleiter zu haben. Neue Studien haben gezeigt, dass Hunde auch Ihre Gesundheit und Ihre Aktivität positiv beeinflussen. So erkranken Hundebesitzer seltener an den Herzkranzgefäßen. Auch wenn Sie es gar nicht merken. Durch die Pflege, das Training und die täglichen Spaziergänge tun Sie auch etwas für Ihre eigene Gesundheit. Hundebesitzer halten sich an einen strikteren Tagesablauf, der auch ihrer eigenen Gesundheit zugute kommt. Hunde lehren uns auch Geduld, geben uns ihre uneingeschränkte Zuwendung und zeigen uns, wie wichtig ein wahrer Freund zum Kuscheln ist.

Progressive Retina Atrophie (PRA)

Die Progressive Retina Atrophie, die normalerweise einfach mit PRA abgekürzt wird, ist eine vererbliche Krankheit, die vor einigen Jahren offiziell bei der Rasse entdeckt wurde. Dank effizienter Tests findet man die PRA heute nur noch selten bei dieser Rasse. Die beim Tibet Terrier auftretende Form der PRA ist die generalisierte Form, die man auch unter der Abkürzung GPRA findet.

Die generalisierte PRA ist eine Erkrankung der Augen, die sich im allgemeinen erst beim erwachsenen Hund bemerkbar macht, bis dieser allmählich völlig erblindet. Zunächst bemerken Sie eine zunehmende Nachtblindheit, aber die völlige Erblindung ist leider unvermeidbar. Glücklicherweise ist diese Erkrankung schmerzfrei. Es ist unbedingt notwendig, dass vor der Paarung der Zuchtrüde und die Hündin auf die GPRA getestet werden und die Züchter durch ihre Kenntnisse der Vererbungslehre unbedingt verhindern, dass die Welpen das krankheitsverursachende Gen doppelt in sich tragen.

Primäre Linsenluxation

Die Linsenluxation ist eine sehr schmerzhafte Erkrankung, die zustande kommt, wenn sich die Linse von den Zonulafasern löst. Sie kann dann ihren ursprünglichen Platz hinter der Iris verlassen und durch die Pupille vor die Iris wandert. Manchmal tritt sie auch in den Glaskörper ein odr verändert ihre Lage nicht. In jedem Fall erhöht sich der Augeninnendruck und ein sekundäres Glaukom, das letztendlich zur Erblindung führen kann, ist die Folge. Häufig kann der Tierarzt dem durch Entfernen der Linse vorbeugen.

Hüftgelenksdysplasie

Die Hüftgelenksdysplasie, kurz HD genannt, kommt bei vielen Rassen vor und ist ein Problem des Oberschenkelkopfes und der Gelenkpfanne. Es handelt sich um eine Entwicklungsstörung, die von mehreren Genen ausgelöst wird. Als Folge wird das Hüftgelenk locker und es kann, obwohl die Erkrankung nicht immer von Schmerzen begleitet ist, zu Lahmheit und einer Beeinträchtigung des normalen Bewegungsablaufs kommen.

Die HD ist polygenetische determiniert, wobei verschiedene Umweltfaktoren – also auch die Haltung – einen Einfluss auf die Ausprägung der HD haben. Die Osteoathritis entwickelt sich wahrscheinlich als Folge dieser Instabilität. Die aktuellen Tests bewerten die Hüftgelenke getrennt, je niedriger der ermittelte Wert liegt, desto geringer ist auch der Grad der HD. Hunde mit einem hohen HD Grad – besser schon Hunde mit Verdacht auf HD – sollten nicht zur Zucht verwendet werden.

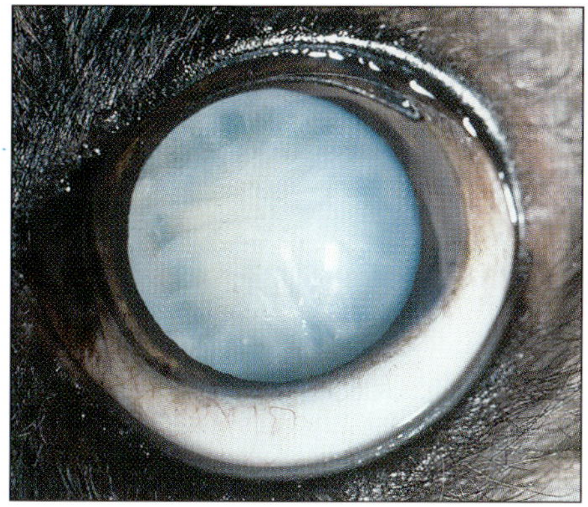

Eine Linsenluxation kann bei Tibet Terriern primär oder sekundär durch ein Trauma entstehen. Die Aufhängung der Linse kann reißen und die Linse kann dann durch die Pupille vor die Iris wandern. Ein sekundäres Glaukom ist eine häufige Komplikation, dem durch die operative Entfernung der verrutschten Linse vorgebeugt werden kann.

Patella Luxation

Es ist bekannt, dass Tibet Terrier an einer Fehlstellung der Kniescheibe – einer Patella Luxation – leiden können. Es handelt sich hierbei um eine ein- oder beidseitige angeborene Lageveränderung der Kniescheibe nach innen oder außen. Die Symptome sind je nach Art und Schwere der Luxation sehr unterschiedlich. Die Behandlung, die auch durch einen chirurgischen Eingriff erfolgen kann, müssen Sie mit dem Tierarzt besprechen.

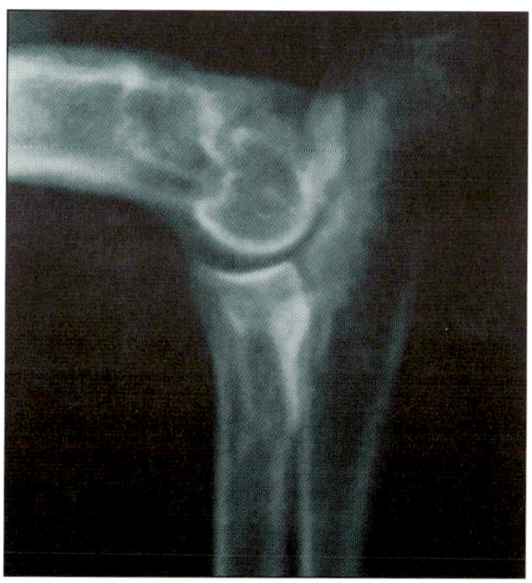

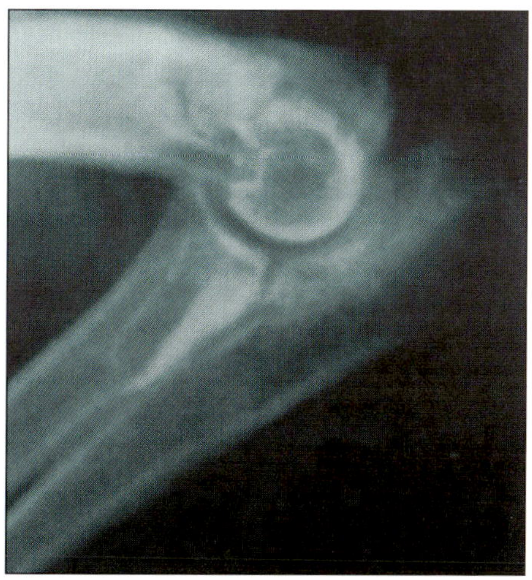

Diese zwei Fotos zeigen die Kniegelenke mit der Kniescheibe (Patella). Einige Tibet Terrier leiden an Problemen mit der Kniescheibe, aber die Züchter sind sich des Problems bewusst.

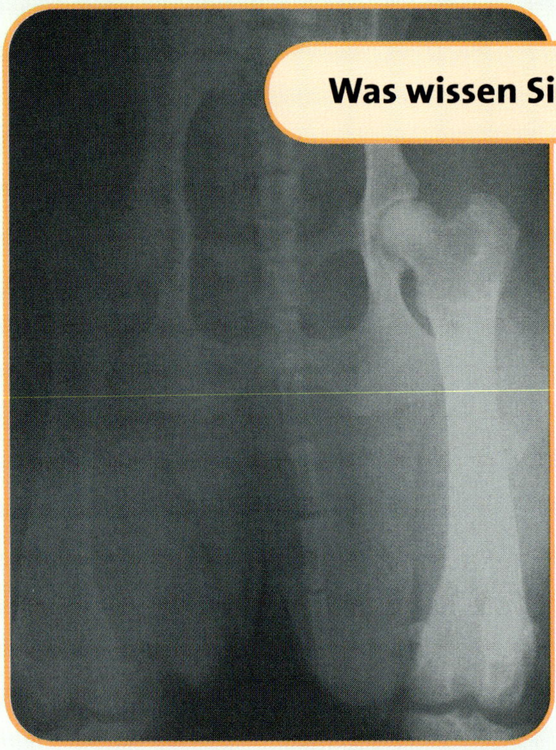

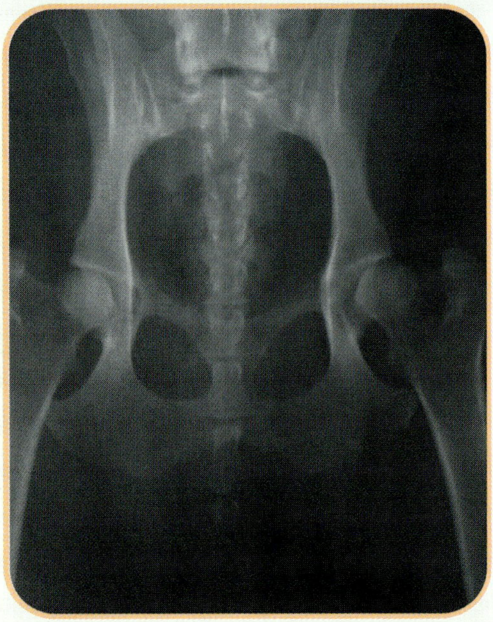

Die Abbildung oben zeigt die Röntgenaufnahme eines gesunden Hüftgelenks.

Die Abbildung rechts zeigt die Röntgenaufnahme eines mittel schwer geschädigten Hüftgelenks.

Was wissen Sie über Hüftgelenksdysplasie?

Die Hüftgelenksdysplasie ist eine Entwicklungsanomalie, die relativ häufig bei Hunden festzustellen ist. Bei Hunden mit Hüftgelenksdysplasie ist das Hüftgelenk ein- oder beidseitig deformiert. Durch die Belastung wird der Zustand zunehmend schlimmer, und das Gelenk nutzt sich bis zu einem Punkt ab, an dem es zu Arthritis kommt. Eine Hüftgelenksdysplasie kann nur anhand von Röntgenaufnahmen festgestellt werden, jedoch können bestimmte Symptome Hinweise auf die Krankheit geben. Ihr Hund könnte an Hüftgelenksdysplasie leiden, wenn er sich auf eigentümliche Art bewegt, anstatt fließend zu rennen hüpft, beide Hinterbeine im Einklang benutzt, um den Druck auf das schwache Gelenk zu vermindern, Probleme beim Aufstehen aus der liegenden Position hat und beim Sitzen stets beide Hinterbeine zu einer Körperseite schiebt.

Ein Hund kann sich an das Leben mit einem Hüftschaden begrenzt gewöhnen, jedoch wird er in nur wenigen Jahren unter Arthritis leiden. Viele Hunde, die dieses Krankheitsbild aufweisen, leiden sehr. Die Hüftgelenksdysplasie ist eine erblich bedingte Erscheinung, die gewöhnlich im Alter zwischen drei und neun Monaten diagnostiziert werden kann. Einige Spezialisten sagen, dass eine besondere Diät dem Welpen dabei helfen kann, der Hüftgelenksdysplasie zu entwachsen, jedoch ist in den meisten Fällen ein chirurgischer Eingriff nötig. Dabei werden der Kammmuskel und der runde Kopfteil des Oberschenkelknochens entfernt, das Becken rekonstruiert und die Hüfte durch eine künstliche ersetzt. All diese chirurgischen Maßnahmen kosten viel Geld, jedoch sind diese Eingriffe dafür auch sehr erfolgreich. Richten Sie sich also in jedem Fall nach den Empfehlungen Ihres Tierarztes.

Der Standard des Tibet Terriers

Einführung in den Rassestandard

Der Rassestandard für den Tibet Terrier wurde vom Kennel Club niedergeschrieben und wird von Zeit zu Zeit mit der Hilfe von erfahrenen Leuten aus den Reihen der Vereine überarbeitet und aktualisiert, wobei die FCI als Dachverband immer das letzte Wort bei allen Änderungen hat.

Die Anstöße zu den Änderungen kommen meist aus den Rasseclubs, wie dies erst kürzlich beim Tibet Terrier der Fall war, da der Standard bislang keine Aussagen zum Hals des Hundes machte.

Der Rassestandard sollte so geschrieben sein, dass er mit verständlichen Worten das Bild des idealen Vertreters der Rasse zeichnet. Dabei wird jeder Leser dennoch eine leicht unterschiedliche Interpretation des Gelesenen vornehmen. Es wird niemals ausreichen, nur etwas über eine Rasse zu lesen, wenn man sie wirklich verstehen will. Jeder Interessent sollte sich zudem auf Hundeschauen umsehen, beim Richten anwesend sein oder, wenn möglich, spezielle Rasseseminare besuchen. Erst hierdurch werden Sie so viel wie möglich über die Rasse lernen, die Sie so sehr lieben.

Die Clubs, die sich in Deutschland mit dem Tibet Terrier beschäftigen, bieten auch spezielle Ausbildungen für Richter an, um sie auf die Prüfungen vorzubereiten. So wird sichergestellt, das diejenigen, die sich tiefgreifender mit der Rasse beschäftigen wollen, diese Hunde auch in jeder Hinsicht wirklich verstehen lernen, damit sie im Ernstfall über jeden Hund ein faires Urteil abgeben können.

Der erste Abschnitt eines jeden Standards ist überschrieben mit „Allgemeine Erscheinung". Hier finden wir eine grobe Beschreibung, wie die Rasse aussehen sollte. Schon hier erfahren wir, dass der Tibet Terrier robust, von mittlerer Größe, langhaarig und mit quadratischer Silhouette sein sollte.Weiter lesen wir, dass die Rasse einen resoluten Ausdruck besitzt. Es bedarf nur eines geringen Wissens, um zu erkennen, dass ein Tibet Terrier mit

Der ideale Hund

Der Rassestandard, der durch eine Einrichtung wie den Kennel Club, die Fédération Cynologique International (FCI) oder den American Kennel Club anerkannt werden muss, beschreibt, wie der ideale Vertreter einer Rasse aussehen sollte.

Die FCI als Dachverband hilft bei der Erstellung und Überarbeitung der Standards in Zusammenarbeit mit den für die Rasse zuständigen Ländern. Dabei werden die Standards nicht leichtfertig verändert, um sie etwa dem momentanen Erscheinungsbild der Hunde anzupassen. Eine konkrete Benennung von Gesundheitsaspekte findet im Standard der Rasse nicht statt.

Überlegungen zur Zucht

Sie sollten es sich gut überlegen, ob Sie mit Ihrem Hund züchten wollen oder nicht. Erkundigen Sie sich genau, bevor Sie einfach anfangen. Einige Menschen glauben, dass eine Trächtigkeit ihre Hündin glücklicher macht oder dass mit der Zucht Geld zu verdienen sei. Leider fördert das wahllose Vermehren von Hunden nur die steigende Übervölkerung mit Hunden und hinterlässt eine merkliche Lücke in Ihrem Portemonnaie. Auch für Ihre Hündin sind Trächtigkeit, Geburt und Aufzucht nicht einfach und kein wirkliches Vergnügen. Nicht zuletzt bedenken Sie, dass auch Sie für die Aufzucht Zeit brauchen und der Verkauf der Welpen schwierig sein kann, wenn Sie Ihre Welpen nicht in einem VDH-Verein gezüchtet haben.

einem langen Rücken, einem Knochenbau und einer Köpergröße, die eher einem Schoßhund entsprechen, und einem kurzen Fell sehr untypisch für die Rasse ist.
Der Rassestandard für den Tibet Terrier ist fast einzigartig darin, dass er sowohl ein Scherengebiss, als auch ein umgekehrtes Scherengebiss zulässt, dabei schließen die Schneidezähne des Unterkiefers kurz vor oder hinter denen des Oberkiefers. Die meisten Tibet Terrier haben ein Scherengebiss, aber es ist wichtig für die Richter, auch für die mit der Rasse Unerfahrenen, zu verstehen, dass beides erlaubt ist. Ein umgekehrtes Scherengebiss darf nicht bestraft werden.
Egal wie vertraut man auch mit der Rasse ist, es ist immer sinnvoll, sich den Standard von Zeit zu Zeit in die Erinnerung zurück zu holen, denn man übersieht oder vergisst viel zu leicht das eine oder andere Detail. Der Rassestandard ist für die Züchter hilfreich, um eine Zuchtlinie aufzubauen, die so nahe am Idealbild der Rasse ist wie möglich. Den Richtern hilft der Standard, um auf Ausstellungen wirklich den Hund krönen zu können, der die Anforderungen an die Rasse am besten erfüllt.

Der FCI-Standard für den Tibet Terrier

Allgemeines Erscheinungsbild

Robust, von mittlerer Größe, langhaarig, mit quadratischer Silhouette, resoluter Ausdruck.

Charakteristika

Lebhaft, gutmütig. Treuer Kamerad mit vielen einnehmenden Wesenszügen.

Temperament
Aus sich herausgehend, wachsam, intelligent und mutig; weder ungestüm noch streitsüchtig. Fremden gegenüber zurückhaltend.

Kopf und Schädel
Schädel von mittlerer Länge, weder breit noch grob, von den Ohren zu den Augen hin schmaler werdend, zwischen den Ohren weder gewölbt noch völlig flach. Jochbein gebogen, aber nicht übermäßig ausgeprägt, so dass es vorgewölbt ist. Deutlicher, aber nicht übertrieben ausgeprägter Stopp in Höhe der Augenpartie. Kräftiger Fang, gut entwickelter Unterkiefer. Die Länge von den Augen bis zur Nasenspitze ist gleich der Läge von den Augen bis zur Schädelbasis. Nase schwarz. Kopf reichlich mit langem Haar bedeckt, das nach vorn über die Augen fällt. Am Unterkiefer befindet sich ein kleiner, nicht übertrieben ausgebildeter Bart.

Augen
Groß, rund, weder vorquellend noch eingefallen, ziemlich weit auseinanderliegend, dunkelbraun, Augenlider schwarz.

Die Idealvorstellungen der Züchter

Wenn Sie mit Ihrer Hündin züchten wollen, müssen Sie den Rassestandard sehr gut kennen. Verantwortungsvolle Züchter bemühen sich immer, dem Idealbild des Standard so nah wie möglich zu kommen und so dem Fortkommen der Rasse hilfreich zu sein. Machen Sie sich mit den Anforderungen an Körper und Wesen vertraut und wählen Sie einen Rüden aus, der auch zu Ihrer Hündin passt.

So muss ein vorbildlich gepflegter Tibet Terrier aussehen. Der Hund muss einen kräftigen, dynamischen Eindruck machen, mit einem wunderbaren langen Fell.

Ohren
Hängend, nicht zu dicht am Kopf anliegend, V-förmig, nicht zu groß, üppig behaart.

Gebiss
Scherengebiss oder umgekehrtes Scherengebiss. Die Schneidezahnreihe bildet einen leichten Bogen, wobei die Schneidezähne in regelmäßigem Abstand und senkrecht im Kiefer stehen.

Vorhand
Stark behaart, Schulter gut schräg zurückgelagert; Läufe gerade und parallel stehend.

Körper
Gut bemuskelt, kompakt und kraftvoll. Länge von der Schulterblattspitze zum Rutenansatz gleich Widerristhöhe. Weit zurückreichender Brustkorb. Rücken über

Der Tibet Terrier darf ein Scherengebiss oder ein umgekehrtes Scherengebiss haben

dem Rippenschiff gerade. Lendenpartie kurz, leicht gebogen, gerade Kruppe.

Hinterhand
Stark behaart, Kniegelenk gut gewinkelt, tiefstehende Sprunggelenke.

Pfoten
Groß, rund, zwischen den Zehen und Ballen reichlich behaart. Gut flach auf den Ballen stehend, keine Wölbung in den Pfoten

Rute
Mittellang, ziemlich hoch angesetzt und fröhlich eingerollt über dem Rücken getragen. Sehr üppig behaart. Ein Knick nahe der Rutenspitze kommt vor und ist erlaubt.

Gangwerk
Zügig, guter Vortritt, kraftvoller Schub. In Schritt und Trab sollen die Hinterläufe weder innerhalb noch außerhalb der Spur der Vorderläufe fußen.

Fell
Doppelt. Unterwolle fein und wollig. Deckhaar üppig, fein, jedoch weder seidig noch wollig, lang, glatt oder gewellt, aber nicht lockig.

Farbe
Weiß, gold, creme, grau oder rauchfarben, schwarz, zwei- oder dreifarbig; eigentlich ist jede Farbe außer schokoladen- oder leberbraun erlaubt.

Größe
Schulterhöhe bei Rüden 35,6 bis 40,6 cm, Hündinnen geringfügig kleiner.

Fehler
Jede Abweichung von den vorgenannten

Die Pfoten des Tibet Terrier müssen groß und flach sein und Fell zwischen den Ballen haben.

Punkten muss als Fehler angesehen werden, dessen Bewertung im genauen Verhältnis zum Grad der Abweichung stehen sollte.

Bemerkung

Rüden müssen zwei augenscheinlich normal entwickelte Hoden aufweisen, die sich vollständig im Hodensack befinden.

Obwohl schokoladenfarbige Tibet Terrier vom Standard nicht erlaubt sind, gibt es sie weltweit, auch in ihrer Heimat Tibet!

Tibet Terrier gibt es in vielen Farben und Farbzusammenstellungen, dabei sind alle Farbe bis auf schokoladenbraun und leberfarben erlaubt.

Ihr Tibet Terrier als Welpe

Das Heranwachsen

In den einzelnen Zuchtlinien ist die Entwicklungsdauer der Welpen recht unterschiedlich. Auch wenn sie ihre endgültige Größe mit etwa einem Jahr erreichen, reift ihr Körper weiter, manchmal bis zum Ende des dritten oder gar vierten Lebensjahres.

Die Auswahl eines Welpen

Bevor Sie sich auf die Suche nach einem Tibet Terrier-Welpen machen, sollten Sie sich völlig klar darüber werden, ob der Tibet Terrier überhaupt die richtige Rasse für Sie und Ihre Familie ist. Die Rasse ist zwar nicht besonders groß, und so dürften Sie dadurch kein Problem bei der Haltung haben, aber Tibet Terrier sind sehr lebendig und voll Energie – dessen sollten Sie sich bewusst sein. Außerdem sollten Sie sich sorgfältig überlegen, ob Sie gewillt sind, das lange Doppelfell zu pflegen, nicht nur jetzt, sondern mindestens die nächsten fünfzehn Jahre, denn Tibet Terrier sind wie alle tibetischen Rassen sehr langlebig.

Sie haben sicherlich eine spezielle Vorliebe für eine Fellfarbe. Diese Überlegung sollte jedoch nicht unbedingt im Vordergrund stehen. Haben Sie sich für einen schwarzen Tibet Terrier entschieden, sollten Sie Ihre Farbwahl aber nicht übereilt ändern, nur weil der Züchter gerade keine schwarzen Welpen besitzt. Nicht dass Sie sich später ärgern!

Überlegen Sie, ob Sie nicht eine Krankenversicherung für Ihren Hund abschließen. Tierarztrechnungen können manchmal sehr hoch ausfallen und Sie sollten dann über die notwendigen Rücklagen verfügen, um Ihrem Hund eine adäquate Behandlung bieten zu können. Bedenken Sie dabei, dass die Versicherungen unterschiedliche Leistungen anbieten und meist die Impfungen nicht bezahlen. Ein Vergleich lohnt sich auf jeden Fall.

Tibet Terrier-Welpen sehen fast alle gleich niedlich aus, aber Sie sollten Ihre Welpen bei einem Züchter kaufen, der auf seine Hunde wirklich gut aufpasst und ihnen all das mit auf den Weg gibt, was sie brauchen.

Wenn Sie ein paar verschiedene Züchter besucht haben, werden Sie feststellen, dass die Welpen jedes Züchters etwas anders aussehen. Dies hängt damit zusammen, dass sich die Welpen dieser Rasse in den einzelnen Zuchtlinien unterschiedlich schnell entwickeln. Dennoch müssen alle Welpen gut genährt aussehen, ohne dass der Bauch aufgetrieben aussieht, da dies ein Anzeichen für Wurmbefall sein kann. Achten Sie darauf, dass die Augen klar und glänzend, ohne einen (eitrigen) Ausfluss sind. Auch sollten Sie keinen Ausfluss aus der Nase feststellen und keine Anzeichen für einen Durchfall. Ihr Welpe muss ein glänzendes, gesundes Fell haben und eine lebendige Art. Entwickeln Sie unter keinen Umständen ein Verantwortungsgefühl weder für den schwächsten Welpen, noch für einen überaus scheuen, nervösen oder aggressiven Hund.

Es ist absolut notwendig, dass Sie sich für einen verantwortungsbewussten Züchter entscheiden, der seinen Welpen die größtmögliche Fürsorge zukommen lässt. Der VDH (Verband für das Deutsche Hundewesen e. V.) kann Ihnen Adressen der Vereine geben, die sich um den Tibet Terrier kümmern, von denen Sie wiederum Züchteradressen erhalten. Auch wissen die Vereine, welcher

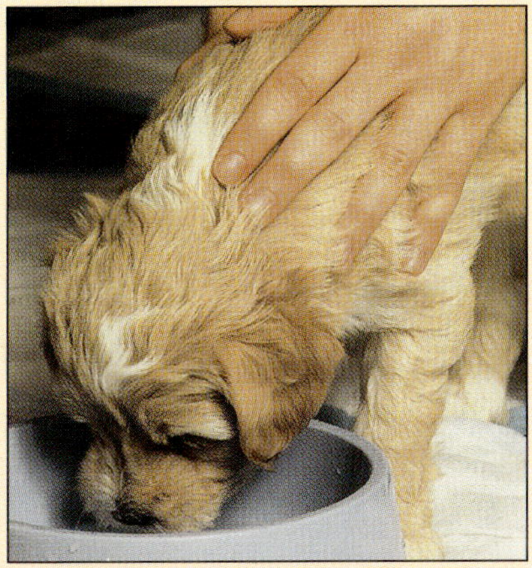

Der Welpe kommt ins Haus!

Leider kommt es vor, dass Welpen von jemandem erworben werden, der nicht so viel Interesse und Aufmerksamkeit in dessen Wesen investiert. Der Welpe leidet darunter, wenn er sich selbst überlassen wird, irgendwo in einem Zwinger untergebracht. Wenn Sie Ihre „Hausaufgaben" gemacht haben, alles für die Ankunft des Welpen vorbereitet haben, ist dies für Sie beide von Nutzen. Je besser Sie informiert sind und je mehr Sie darüber wissen, was Sie vielleicht erwartet, je besser Sie auf die Höhen und Tiefen der Hundehaltung vorbereitet sind, desto besser wird Ihr Welpe sich entwickeln. Im Umgang mit dem Welpen muss jeder im Haus sein Möglichstes beitragen. In Vorfreude auf den Welpen fallen oft Versprechungen der Familienmitglieder wie „Ich werde ihn täglich ausführen, ich werde ihn füttern, ich werde ihn erziehen" und viele weitere Zusagen. All diese Dinge kosten viel Zeit und Mühe. Versprechungen können schnell vergessen werden, wenn das Neue erst seinen Reiz verloren hat.

Versicherungen

Eine Haftpflichtversicherung ist auch für einen kleinen Hund dringend anzuraten. Für alle Schäden, die Ihr Hund verursacht, haften Sie! Züchter mit mehreren Hunden können eine Zwingerhaftpftlichtversicherung abschließen. Bitte beachten: Ein Hund ist nicht automatisch in der Privathaftpflicht- oder Hausratversicherung mitversichert! Eine Hunde-Krankenversicherung kann Ihnen viel Geld ersparen. Vergleichen Sie die Leistungen der Gesellschaften, einige erstatten sogar anteilmäßig die jährlichen Impfkosten.

Züchter gerade Würfe hat oder erwartet. Auf Zuchtschauen können Sie sich die Hunde ansehen und selbst Kontakte zu Züchtern knüpfen.

Ihre Verantwortung als Hundehalter

Nachdem Sie sich über all diese Dinge Gedanken gemacht haben, haben Sie schon einige sehr wichtige Entscheidungen bei der Welpenauswahl getroffen. Sie haben sich für einen Tibet Terrier entschieden, weil Sie der Meinung sind, dass diese Rasse mit all ihren Eigenschaften am besten zu Ihnen, zu Ihrer Familie und zu Ihrem Lebensstil passt. Wenn Sie sich bei Ihrer Suche für einen verantwortungsvollen, vertrauenswürdigen Züchter entschieden haben, der Ihnen mit Rat und Tat auch nach dem Kauf zur Seite stehen wird, dann haben Sie einen weiteren großen Schritt getan. Falls Sie einen Wurf in Aktion beobachtet haben, konnten Sie einen ersten Eindruck von der Dynamik der einzelnen Welpen gewinnen. Schließlich sollten Sie den Charakter

Die Autorin Juliette Cunliffe (Mitte) richtet tibetische Rassen auf einer Ausstellung. Hier sehen Sie die Rassebesten für den Lhasa Apso, den Tibet Terrier, denTibet Spaniel und den Shih Tzu.

und das Temperament jedes einzelnen Welpen kennen, um dann den für Sie geeigneten herauszufinden.
Auch wenn Sie nicht gleich Ihren Welpen finden, durch die Beobachtung der verschiedenen Würfe lernen Sie ständig etwas Neues über das Temperament und die Eigenschaften der Rasse und es wird Ihnen mit der Zeit immer leichter fallen, das Temperament der einzelnen Welpen schneller einzuschätzen. So werden Sie bald in der Lage sein herauszufinden, welche Welpen die Anführer sind, welche sich etwas zurückhalten, welche zutraulich, schüchtern, verspielt, freundlich, aggressiv sind und so weiter. Genauso wichtig ist es, dass Sie erkennen, wie ein gesunder Hund aussieht und sich verhält. All diese Dinge werden Ihnen bei Ihrer Suche helfen, und wenn Sie dann „Ihren“ Tibet Terrier finden, merken Sie es einfach!
Es scheint viel Arbeit zu sein, sich für eine bestimmte Rasse zu entscheiden, einen Züchter auszuwählen und dann noch jede Menge Welpen zu beobachten! Aber dies sind alles wichtige Schritte, bevor Sie einen Welpen mit nach Hause nehmen können. Sie können gar nicht vorsichtig genug bei der Auswahl Ihres zukünftigen Welpen sein. Ihren Welpen dürfen Sie nicht einfach aus einer Laune heraus kaufen. Sie nehmen schließlich in diesem Moment ein neues Familienmitglied auf! Natürlich soll der Welpenkauf auch Spaß machen und ist nicht nur eine ernste Angelegenheit und viel Arbeit. Aber bei alledem sollten Sie trotzdem einen kühlen Kopf bewahren und eine möglichst objektive Entscheidung treffen. Machen Sie sich bewusst, dass ein Welpe eben kein knuddeliges Stofftier oder eine Dekoration für den Garten ist. Es ist ein Lebewesen, das in Ihrer Familie aufgenommen werden will. Sie werden realisieren, dass der Welpenkauf ein erfreuliches und aufregendes Abenteuer ist, aber Sie dürfen es auch nicht auf die leichte Schulter nehmen. Entspannen Sie sich, der Spaß beginnt

Wichtige Dokumente

Sie erhalten zwei wichtige Dokumente von Ihrem Züchter:
Den Abstammungsnachweis und den Impfpass. Der Welpe sollte in einem anerkannten Zuchtverein eingetragen sein. Für die Vorstellung auf einer Hundeschau sind die Abstammungspapiere Voraussetzung. Für etwaige Zuchtpläne sind sie unabdingbar.
Aus dem Impfpass können Sie ersehen, welche Impfungen der Züchter zu welchem Zeitpunkt durch den Tierarzt vornehmen ließ und wann Sie Ihren Hund wieder zur Nachimpfung vorstellen müssen.
Welpen ohne Abstammungsnachweis oder mit dubiosen Papieren sollten Sie nicht kaufen, da damit zu rechnen ist, dass der niedrigere Preis des Hundes sich für den „Züchter“ nur durch Einsparungen bei der Gesundheitsfürsorge der Elterntiere rechnet. Die Ausgaben, die dann vielleicht bei den Welpen für den Tierarzt anstehen, machen Ihre „Einsparungen“ meist schnell wieder zunichte.
Kaufen Sie Ihren Hund bei einem renomierten Züchter, der beim VDH gemeldet ist.

Woran erkennen Sie einen gesunden Welpen?

Ihr Welpe sollte gut genährt und rund aussehen, jedoch ohne aufgeblähten Bauch. Dies kann auf einen Wurmbefall hindeuten oder auf einer falschen Ernährung beruhen. Der Körper sollte sich stramm und fest anfühlen. Die Haut sollte rosig sein und sauber, ohne Anzeichen von Kratzern oder Bisswunden. Kontrollieren Sie, ob sich an den Hinterläufen keine sogenannten Wolfskrallen befinden.

bestimmt, wenn der Welpe erstmal bei Ihnen zu Hause ist!

Bedenken Sie immer, dass ein Welpe im Grunde nichts anderes ist als ein Baby mit Fell. Ein Baby, das in der Welt der Menschen völlig hilflos ist und seinem Besitzer vertraut, dass er ihm alles Lebensnotwendige beschafft. Außer Wasser, Futter und einer Unterkunft braucht Ihr Welpe seine Pflege, Schutz, Ihre Führung und Ihre Liebe. Wenn Sie nicht bereit sind, dies Ihrem Welpen zu geben, dann sind Sie nicht bereit, einen Hund zu halten.

„Eine Sekunde mal", werden Sie jetzt vielleicht sagen,„wie schwierig soll das eigentlich sein?" All Ihre Nachbarn haben Hunde und das scheint bei denen alles einfach so zu laufen. Wieso soll ausgerechnet ich mir so viele Gedanken machen? Nun, Sie müssen sich keine Sorgen machen, Sie sollen sich nur Ihrer Verantwortung dem Welpen gegenüber bewusst werden, so wie dies auch sicher Ihre Nachbarn vor dem Kauf getan haben. Sie werden sogar feststellen, dass Ihr Tibet Terrier seinen Platz in der Familie ganz von selbst finden wird, sobald er sich bei Ihnen eingelebt hat. Aber es schadet nie, einem Hundehalter seine Verantwortung nochmals deutlich vor Augen zu führen. Mit etwas Zeit und

Wussten Sie schon?

Sie sollten noch nicht einmal darüber nachdenken, einen krank aussehenden, überaus ängstlichen oder nervösen Welpen zu kaufen. Die Welpen sollten spätestens nach einer halben Stunde mit Ihnen warm geworden sein.

Geduld ist es aber wirklich nicht zu schwierig, einen verrückten und überschwänglichen Tibet Terrier-Welpen zu einem angepassten und erzogenen Hund zu machen. Einem Hund, der Ihr bester Freund werden kann.

Die Vorbereitungen zu Hause

Sich für eine Rasse zu entscheiden und einen Züchter zu finden sind nur zwei Teile Ihrer Hausaufgaben, die Sie erledigt haben müssen, bevor der Welpe bei Ihnen einziehen kann. Sie müssen auch Ihr Zuhause und die übrigen Familienmitglieder auf den Zuwachs vorbereiten. Genauso, wie Sie eine Kinderstube für Ihr Baby einrichten würden, müssen Sie Ihrem Welpen seinen eigenen Platz in Ihrer Wohnung herrichten. Wie Sie Ihre Wohnung umgestalten, hängt davon ab, wieviel Freiheiten Sie Ihrem Welpen einräumen wollen. Wie Sie sich auch entscheiden, der Welpe muss auf jeden Fall einen Platz in Ihrer Wohnung bekommen, den er sein eigen nennen darf.

Wenn Sie Ihren Welpen zu sich nach Hause bringen, bringen Sie ihn gleichzeitig auch in sein neues Zuhause. Natürlich soll der Welpe jetzt nicht Ihr Heim übernehmen, aber damit er sich zu einem selbstbewussten, umgänglichen Hund entwickelt, muss er sich in seiner Umgebung auch wohlfühlen können. Erinnern Sie sich, dass er gerade noch in der Geborgenheit und Wärme seiner Mutter und seiner Wurfgeschwister war und dies der einzige Platz war, den er bisher gekannt hat. Die Umgewöhnung sollten Sie ihm so einfach wie möglich machen. Wenn Sie seinen Platz bei sich zu Hause herrichten, müssen Sie ihm das Gefühl vermitteln, dass er bei Ihnen in dieser neuen, merkwürdigen Welt herzlich willkommen ist. Er sollte keine allzu lange Zeit benötigen, um sich einzugewöhnen, aber der plötzliche Schock, in eine neue Umgebung zu kommen, kann für einen kleinen Welpen recht traumatisch sein. Stellen Sie sich einfach vor, wie sich ein kleines Kind in einer vergleichbaren Situation fühlen würde und Sie wissen, wie sich Ihr Welpe fühlt. Es ist Ihre Aufgabe, ihn zu beruhigen und ihm zu zeigen „Kleiner Kerl, es wird Dir hier bestimmt gefallen!“

Die Qual der Wahl

Die Farbvariationen beim Tibet Terrier sind sehr groß, und Sie können bei einer durchschnittlichen Wurfgröße von fünf Welpen nie alle Farben in einem Wurf und bei einem Züchter finden. Sollten Sie eine bestimmte Farbe im Kopf haben, müssen Sie sich vielleicht mehrere Würfe bei unterschiedlichen Züchtern ansehen, um Ihren Welpen zu finden.

Schau- oder Familienhund?

Die Wahl Ihres Welpen sollte sich nach Ihren Ansprüchen richten, jedoch sollte der Welpe stets einen vorzüglichen Charakter vorweisen. Kein Züchter kann eine Garantie dafür übernehmen, ob ein Welpe später Show-Qualitäten aufweist. Er kann mit seiner Erfahrung aber zumindest eine Einschätzung geben. Hüten Sie sich vor Züchtern, die dem Aussehen ihrer Hunde mehr Wert beimessen als ihrer Veranlagung und ihrem Charakter.

Was Sie anschaffen sollten

Hundebox

Für jemanden, der sich mit dem Einsatz einer Hundebox in der Erziehung nicht auskennt, für den erscheint es wie eine Bestrafung, einen Hund in einen Käfig einzusperren. Wenn Sie es aber richtig angehen, ist dies nicht der Fall. Auch wenn nicht alle Züchter zum Boxentraining raten, empfehlen immer mehr Züchter und Hundetrainer den Einsatz der Box als geeignetes Hilfsmittel bei der Erziehung, egal ob Sie mit Ihrem Hund auf Ausstellungen fahren, er sich zwangsläufig häufiger in einem Käfig aufhalten muss, oder Ihren Hund als reinen Familienhund halten. Käfige sind nicht grausam, auch wenn besonders in Deutschland dieses Thema sehr sensibel diskutiert wird. Es ist nur grausam, den Käfig als Bestrafung oder als Abstellkammer für ein ungeliebtes Tier zu nehmen. Für die Erziehung zur Stubenreinheit ist die Hundebox sogar ein sehr verbreitetes und Erfolg versprechendes Hilfsmittel. Die Box ist auch eine sichere Unterbringungsmöglichkeit auf Reisen und, vielleicht als wichtigster Punkt, die Box ist der private Platz nur für Ihren Hund. Sie ist sein Schlafzimmer und Ihr Tibet Terrier kann sich dorthin zurückziehen, wann immer er ungestört sein will oder ein Nickerchen machen möchte. Viele Hunde schlafen die ganze Nacht in ihrer Box. Mit ein paar kuscheligen Decken und seinem Lieblingsspielzeug wird die Box schnell zu seiner „Lieblingshöhle". Auch seine Vorfahren lebten in Höhlen, nur dass diese bei weitem nicht so luxuriös ausgestattet waren wie seine, in deren Komfort er sich aber genau wie sie gerne zurückzieht.

Sind Sie ein geeigneter Hundehalter?

Wenn der Züchter Ihnen eine Menge persönliche Fragen stellt, so geschieht dies aus der Besorgnis heraus, mit Ihnen auch die richtige Wahl für seinen Welpen getroffen zu haben.

Tips zur Stubenreinheit

Während der Erziehung zur Stubenreinheit, sollten Sie Ihrem Welpen, wenn er in einem Käfig schläft, nur einen Teil abgrenzen. Ein zu großer Freiraum könnte Ihren Trainingserfolg mindern. Der Welpe ist von Natur aus kein Nestbeschmutzer und der Käfig ist sein Nest, das er sauber halten will. Ist der Käfig zu groß, wird er sich darin eine Ecke für sein Geschäft suchen, die weit genug von seinem Schlafplatz entfernt ist. Wächst Ihr Welpe zu einem erwachsenen Hund heran, können Sie den Platz wieder erweitern und ihm mehr Freiraum geben.

Zu Beginn bedarf dies manchmal ein wenig Überredungskunst. Hat sich der Welpe aber erst einmal an den Käfig gewöhnt, wird ihm dieser sehr schnell zu seinem Lieblingsplatz und er fühlt sich geborgen.

Ihr Zoofachhandel bietet eine große Auswahl an Hundeboxen an, die für den Tibet Terrier bestens geeignet sind.

Welche Art von Hundebox Sie kaufen, bleibt ganz Ihnen überlassen. Wahrscheinlich entscheiden Sie sich auch für einen der verbreiteten Typen aus Draht oder aus Hartschalenplastik. Jede Art hat ihre eigenen Vor- und Nachteile. Ein Drahtkäfig ist beispielsweise offener und erlaubt dadurch zum einen einen besseren Luftaustausch, zum anderen sieht der Hund alles, was um ihn herum geschieht, wohingegen die geschlosseneren Hartplastik-Boxen stabiler sind. Beide Typen können Sie auch auf Reisen mitnehmen. Sie bieten dem Hund und Ihnen eine größere Sicherheit auf Autofahrten. Bei der Größe der Box sollten Sie bedenken, dass Ihr Welpe sehr schnell heranwächst. Manchmal glaubt man fast, man könnte ihm beim Wachsen zusehen. Eine Box, die für Ihren Welpen jetzt noch ausreicht, kann in ein paar Wochen schon wieder zu klein sein. Wenn Sie nicht die Absicht haben, ständig Geld für eine neue Box auszugeben, sollten Sie gleich eine kaufen, die auch für den ausgewachsenen Hund noch groß genug ist. In der Box sollte sich Ihr Hund ohne Probleme setzen, aufrichten, entspannt liegen und drehen können. Für Reisen können Sie ruhig eine etwas kleinere Box kaufen.

Ihr Zeitplan...

Wenn Sie ein unstetes Leben führen, in dem sich Ihr Tages- oder Wochenablauf ständig ändert, bedenken Sie die Probleme, die dies für einen Welpen mit sich bringt. Ihr Welpe muss regelmäßig gefüttert werden, die Sozialisierung und Konditionierung an Menschen muss in einem geordneten Rahmen stattfinden. Vor allem muss der Hund regelmäßig spazieren geführt werden. Erst wenn ein Hund etwas älter ist, können kleine Unregelmäßigkeiten in seinem Tagesablauf toleriert werden.

Wussten Sie schon?

Welpen werden in der Regel in einem Alter von acht bis zehn Wochen abgegeben. Dies ist für die meisten Rassen genau die richtige Zeit für einen Besitzerwechsel. Wenn ein Züchter einen Welpen hat, der zwölf Wochen oder älter ist, ist dieser wahrscheinlich bereits gut sozialisiert und stubenrein. Achten Sie darauf, dass er ansonsten gesund ist, bevor Sie beschließen, ihn mit nach Hause zu nehmen.

Decken

Mit ein oder zwei weichen Decken wird sich Ihr Hund sehr wohl fühlen. Die Decken entsprechen den Blättern und Zweigen, die die Welpen in der freien Natur als weiche Unterlage verwenden. Der Welpe kann hiermit seinen eigenen „Bau“ machen, auch im Käfig. Obwohl Ihr Welpe weit davon entfernt ist, wie seine Vorfahren zu handeln, ist der Höhleninstinkt in seinen Genen verankert. Bis Sie den Welpen zu sich nach Haus holten, schlief er inmitten der Wärme der Mutter und seiner Wurfgeschwister. Obwohl eine Decke nicht das gleiche wie ein lebendiger, atmender Körper ist, bietet sie ihm Wärme und er kann sich darin einkuscheln. Waschen Sie die Decken regelmäßig. Sollte einmal ein Malheur auf der Decke passieren, entfernen Sie die beschmutzte Decke und ersetzen diese durch eine saubere. Ebenso, wenn sie zottig wird oder auseinanderzufallen beginnt.

Spielzeug

Spielzeug ist für Hunde jeden Alters ein absolutes Muss, besonders aber für neugierige und verspielte Welpen. Welpen sind die Kinder der Hundewelt, und welches Kind liebt kein Spielzeug?

Kauspielzeuge sind für Hund und Halter am vorteilhaftesten. Während sich der Welpe am Herumkauen auf seinem Spielzeug erfreut, genießt der Halter die Tatsache, dass sich sein Hund nicht an Möbeln, Teppichen und teuren Lederschuhen vergreift. Welpen lieben es einfach, auf Dingen herumzukauen. Tatsächlich ist das Kauen für Welpen während des Zahnens eine physische Notwendigkeit, die alles in seiner Reichweite appetitlich erscheinen lässt. Alles, was sich in Ihrem Haushalt befindet - von antiken Möbeln bis hin zu Teppichen - verkörpert in den Augen Ihres zahnenden Welpen geeignetes Spielzeug. Wenn es darum geht, ihre Zähne im wahrsten Sinne des Wortes in etwas eingraben zu können, sind Welpen alles andere als wählerisch - ihnen schmeckt einfach alles hervorragend!

Tibet Terrier-Welpen kauen besonders stark, und man sollte ihnen lediglich die härtesten und stabilsten Spielzeuge anbieten. Es ist ratsam, ausgestopfte Stofftiere in Sicherheit zu bringen, da diese in kürzester Zeit ihre Füllung verlieren würden. Der darüber begeisterte Welpe könnte auch die weder verdauliche noch nahrhafte Füllung fressen.

Quietschende Gummispielzeuge erfreuen sich bei Welpen größter Beliebtheit, sind jedoch für den Tibet Terrier ungeeignet. Möglicherweise kann ein solches Quietschspielzeug beim Training sinn-

So viel Spielzeug!

Es gibt eine Vielzahl von Hundespielzeug, das eine Menge Spaß verspricht. Es ist beeindruckend, was Welpenzähne in kürzester Zeit mit einem harmlos aussehenden Spielzeug anrichten können. Seien Sie deshalb bedacht bei der Auswahl und denken Sie immer zuerst an die Sicherheit Ihres Hundes. Wählen Sie das haltbarste Produkt, das Sie finden können. Mit harten Nylonknochen und -spielzeugen sind Sie auf der sicheren Seite. Viele Dinge werden in den unterschiedlichsten Größen und Formen angeboten. Außerdem gibt es Geschmacksrichtungen, deren Duftstoffe Ihrem Hund die Unwiderstehlichkeit des Spielzeugs offenbaren.

Ihr Zoofachhandel bietet Ihnen eine große Auswahl an Leinen an. Kaufen Sie für Ihren Tibet Terrier nur die beste Qualität.

Spielend lernen

Wenn Sie mit Ihrem Welpen regelmäßig Fangenspiele mit seinem Spielzeug spielen, ist das ein idealer Weg, seine Muskeln und motorischen Fähigkeiten ebenso wie seine Bindung an Sie zu stärken.

Er muss auch lernen, seinen Beißreflex zu unterdrücken, keinen Menschen und kein Tier zu beißen und nicht an verbotenen Gegenständen zu knabbern. Auch beim Spielen geben immer Sie den Ton an. Das ist eine wichtige Lektion, wenn Ihr Welpe lernen soll, wer der Herr ist. Denn Sie bestimmen als sein Rudelführer sein ganzes Leben lang über ihn. Hat Ihr Welpe dies einmal akzeptiert, wird Ihre Freundschaft ein Leben lang halten.

voll eingesetzt werden; es sollte jedoch nicht frei zum Spielen zur Verfügung stehen. Das Spielzeug kann zu einer Gefahr für den Welpen werden, wenn er es zerbeißt und beispielweise den tongebenden kleinen Plastikquäker verschluckt. Sie sollten stets den Zustand der Spielzeuge Ihres Welpen im Auge behalten und solche, die bis zu dem Punkt zernagt sind, an dem sie eine Gefahr darstellen, gegen neue austauschen.

Bei echten Knochen ist größte Vorsicht geboten, denn viele Sorten neigen dazu, in scharfe und spitze und somit gefährliche Teile zu zersplittern. Selbst bei essbaren Kauspielzeugen aus getrocknetem, natürlichem Rinderleder ist Vorsicht angesagt, denn auch wenn diese speziell für Hunde gedacht sind und der Sauberhaltung der Zähne dienen, kann der Welpe durch ausgiebiges Kauen Teile davon abnagen, die zum Hinunterschlucken zu groß sind und ihm im Hals stecken bleiben. Ihr Welpe sollte ein solches Kauspielzeug auch nur auf einer dafür gedachten Decke bekommen, denn die durch das Kauen entstehende klebrige und breiige Masse lässt sich nur schwer aus Ihrem Teppich entfernen.

Leine

Eine Nylonleine ist hier vermutlich die beste Wahl, denn sie ist den Zähnen des Welpen gegenüber am widerstandsfähigsten und in jedem Fall reißfest. Natürlich gehört das Kauen an der Leine zu einer der Angewohnheiten, die gleich im Keim erstickt werden sollten, doch steht das Herumnagen an allen möglichen Gegenständen mit dem Zahnen in Verbindung und läßt sich nicht von einem Tag auf den anderen abgewöhnen. Bei einer Nylonleine haben Sie wenigstens die Sicherheit, dass sich Ihr Welpe nicht an Zähnen und Zahnfleisch verletzen und er die Leine nicht durchbeißen kann. Die Leinen haben ein geringes Gewicht, was Ihrem Tibet Terrier die Gewöhnung an eine Leine erleichtert. In jedem Fall ist die Nylonleine für die täglichen Aktivitäten wie Gassigehen die beste Lösung. Ist aus dem Welpen ein kräftiger Junghund geworden, braucht er eine flexible Leine, ebenfalls aus Nylon oder aus Leder. Man sollte sie in der Länge verstellen können. Das ist beim Üben und auch in anderen Situationen praktisch. Eine flexible Laufleine empfiehlt sich, wenn der Hund nur kontrolliert frei laufen darf, also beispielsweise bei Läufigkeit, Krankheit oder in gefährlichem oder wildreichem Gelände. Diese Laufleine sollte aber nicht aus Bequemlichkeit benutzt werden, um sich dadurch die Gehorsamkeitserziehung zu sparen.

Halsband

Ihr Welpe sollte von Anfang an daran gewöhnt werden, ständig ein Halsband zu tragen, an dem auch seine Erkennungsmarke befestigt ist. Außerdem bilden Leine und Halsband eine Einheit, denn die Leine muss schließlich an

Kauspielzeug

Das Hundespielzeug ist nicht nur dafür da, Ihren Hund geistig und körperlich zu fordern, sondern hilft auch bei der Zahnpflege. Hartgummi oder Nylonspielzeug sind teilweise mit speziellen Rillen versehen, damit sie den Plaque entfernen und so Mundgeruch und Zahnstein vorbeugen, der zu unangenehmen Zahnfleischentzündungen führen kann.

Welpenpersönlichkeiten

Wenn Sie die Möglichkeit bekommen, sich einen Welpen aus einem Wurf aussuchen zu können, werden Sie bemerken, dass das gar nicht so einfach ist. Suchen Sie den Welpen nach Ihren eigenen Vorlieben aus. Ein ruhiger Welpe passt besser in einen ruhigen Haushalt mit kleinen Kindern, wohingegen ein forscher Welpe schon besser zu einer lebhafteren Familie mit größeren Kindern passt. Fragen Sie im Zweifelsfall Ihren Züchter nach seiner Einschätzung, denn er kennt seine Welpen am allerbesten.

Wählen Sie ein geeignetes Halsband

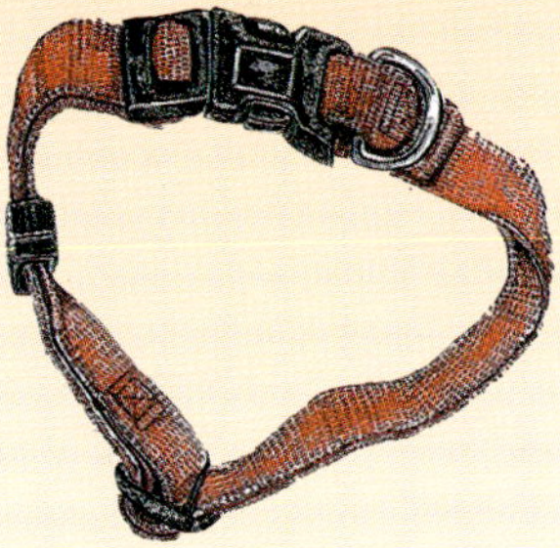

Das **Schnallenhalsband** wird täglich als Standardhalsband verwendet. Achten Sie darauf, dass Sie die Lochbreite für den Welpen korrekt einstellen. Das Halsband sollte nicht zu stramm eingestellt sein. Überprüfen Sie dieses jeden Tag, weil der Welpe ja noch wächst. Es kann leicht über Nacht zu eng werden! Diese Halsbänder werden aus Leder oder Nylon hergestellt. Befestigen Sie ein Identifikationsschild Ihres Hundes daran.

Das **Zughalsband** wird üblicherweise als Trainingshalsband verwendet. Es ist aus hoch poliertem Stahl gefertigt, so dass es leicht durch die rostfreie Stahlschleife gleitet. Die Idee ist, dass der Hund den Druck um seinen Hals herum kontrolliert und schnell aufhört zu ziehen, wenn das Halsband unbequem wird. Belassen Sie nie eine Zugkette am Hundehals, wenn Sie nicht mit Ihrem Hund trainieren.

Das **Geschirr** ist für einen geübten Hund. Es soll den Hund am Davonlaufen hindern oder daran eine Katze zu jagen. Man betrachtet es als die humanste Methode und braucht es häufig für kleinere Hunde, für die andere Halsbänder nicht komfortabel sind.

irgend etwas befestigt werden. In Verbindung mit der Nylonleine ist ein leichtes Nylonhalsband ideal. Bei der Wahl des Halsbandes ist darauf zu achten, dass es einerseits eng genug ist, um nicht von dem Welpen abgestreift werden zu können, andererseits aber lose genug ist, so dass es dem Hund nicht ein Gefühl von Eingeschnürtheit und Unbehagen vermittelt. Sie sollten problemlos ein bis zwei Finger zwischen Hals und Halsband schieben können. Natürlich wird Ihr Welpe einige Tage benötigen, um sich an das Tragen eines Halsbands zu gewöhnen, jedoch wird es dann zu einer Selbstverständlichkeit für ihn.

Wasser- und Fressnäpfe

Ihr Welpe braucht zwei Näpfe - einen für sein Futter und einen für Wasser. Wenn Sie einen Garten besitzen, ist die Anschaffung von zwei Sets zu empfehlen

Es fällt in Ihren Verantwortungsbereich, nach dem Lösen die Hinterlassenschaften Ihres Hundes zu beseitigen.

Ihr Zoofachhandel bietet eine große Auswahl an Wasser- und Fressnäpfen an.

Finanzielle Überlegungen

Pflegeutensilien, Halsbänder, Hundeleinen, Hundebetten und natürlich Spielzeug werden als Kosten auf Sie zukommen, wenn Sie Ihren Welpen bekommen. Dazu kommt, dass Ihr Welpe Dinge im Haushalt beschädigt oder zerstört (wie es die meisten Welpen auch machen!) oder bei Ihrem Nachbarn Unsinn anrichtet. Auch mit Floh- und anderen Schädlingsbekämpfungsmitteln wird jeder Hundeeigentümer mehrfach konfrontiert. Sie müssen vorher in der Lage sein, die finanziellen Ausgaben zu überblicken, wenn Sie einen Hund besitzen möchten.

- eines für drinnen und eines für draußen, je nachdem, wo Sie Ihren Hund füttern und wo er sich hauptsächlich aufhält. Edelstahl- oder auch stabile Plastiknäpfe sind die beste Wahl. Obwohl die Plastiknäpfe auf den ersten Blick geeignete „Kauspielzeuge“ darstellen, werden sie gewöhnlich nicht als solche entfremdet. Edelstahlnäpfe bieten von vornherein keinerlei Angriffsfläche zum Kauen und können darüberhinaus einfacher und gründlicher gereinigt werden. Der wichtigste Punkt bei der Auswahl der Näpfe ist deren Stabilität. Sie werden bestimmt nicht regelmäßig neue Näpfe kaufen wollen, weil diese ständig zernagt werden.

Reinigungsmittel

Solange Ihr Welpe nicht stubenrein ist, werden Sie einiges zu reinigen haben. Es wird anfangs immer wieder zu „Unfällen“ kommen, was völlig normal ist, denn der Welpe hat noch keine bewusste Kontrolle über Darm und Blase. Es ist ratsam, während dieser Zeit eine kleine Schaufel, alte Handtücher, Zeitungspapier und für die Gesundheit des Welpen ungefährliche Reinigungs- und Desinfektionsmittel im Haus zu haben.

Über die Grundausstattung hinaus

Wir haben bisher nur über die Grundausstattung für Ihren Welpen gesprochen. Mit der Zeit werden Sie herausfinden, was Sie sonst noch zur täglichen Fellpflege, zur Floh- und Zeckenbekämpfung, zum Absperren bestimmter Räume und sonst noch benötigen. Es gibt immer irgendetwas, das Sie in einer bestimmten Situation benötigen und erst neu kaufen müssen. Allerdings sollten Sie immer genug Futter im Haus haben sowie alles, was Ihrem Tibet Terrier sein Leben angenehm macht.

Lassen Sie sich mit dem Welpenkauf Zeit

Um einen gesunden Welpen zu erwerben, ist es sehr wichtig für Sie, einen anerkannten Züchter zu finden, bei dem Sie sich wirklich wohlfühlen. Ihr Züchter steht Ihnen auch nach dem Kauf noch für alle Fragen zur Verfügung und ist bei allen Problemen an Ihrer Seite, ohne dass Sie sich als Belastung fühlen müssten. Wenn Sie mit einem Züchter keine persönliche Basis finden, schauen Sie sich lieber noch nach einigen anderen um, bevor Sie Ihren Welpen kaufen.

Ein welpensicheres Zuhause

Neben der Aufgabe, Ihrem Tibet Terrier die Eingewöhnung so einfach wie möglich zu gestalten, müssen Sie auch dafür sorgen, dass er in Ihrem Heim vor Gefahren sicher ist.

Das heißt, dass Sie Vorsorgemaßnahmen treffen müssen, damit Ihr Welpe nicht in Bereiche Ihrer Wohnung eindringen kann, in denen er nichts zu suchen hat. Es darf sich nichts in seiner Reichweite befinden, was seiner Gesundheit schaden könnte, wenn er daran schnüffelt oder herumkaut. Derartige Sicherheitsvorkehrungen sollten selbstverständlich sein, denn neben der Sorge um die Gesundheit Ihres Welpen werden Sie auch darauf bedacht sein, dass Ihre Einrichtung nicht ruiniert wird. Wenn sich Ihr Welpe frei in Ihrem Heim bewegen kann, sollten unbedingt sämtliche zerbrechlichen Gegenstände aus seiner Reichweite entfernt werden. Falls er nur einen festgelegten Teil der Wohnung betreten darf, müssen alle potentiell gefährlichen Gegenstände aus diesem Bereich entfernt werden. Ein Elektrokabel stellt eine Gefahr dar, wenn er es als ein geeignetes Kauspielzeug ansieht. Elektrokabel sollten deshalb entweder an der Wand befestigt, unter dem Teppich verlegt oder durch stabile Kabelkanäle geschützt sein. Wenn Ihr Welpe einmal Zeit in seiner Box verbringt, ist sicherzustellen, dass sich keine gefährlichen Gegenstände in unmittelbarer Nähe befinden, die er mit den Pfoten oder der Schnauze erreichen kann. Mit einem Welpen im Haus sollten Sie sich an dieselben Regeln halten, die auch für Kleinkinder gelten - Haushaltsreiniger und Chemikalien sind generell dort aufzubewahren, wo sie für den Welpen unerreichbar sind.

Erledigen Sie Ihre Hausaufgaben!

Um ermessen zu können, ob ein Welpe zu Ihrem Lebensstil passt, müssen Sie sich in ihn hineinversetzen können. Am einfachsten ist dies, indem Sie seine Eltern kennen lernen, denn der Welpe erbt nicht nur die körperlichen, sondern auch viele charakterliche Merkmale von seinen Eltern. Genau wie diese ist er dann eher scheu oder frech!

Hündin oder Rüde?

Eine wichtige Entscheidung ist die Wahl des Geschlechts. Als Familienhund mag sich eine Hündin besser eignen. Ihre Eigenschaften und ihr Mutterinstinkt lassen sie tolerant und freundlich sein. Oft wird eine als Familienhund gehaltene Hündin kastriert, um die Unannehmlichkeiten einer unerwünschten Trächtigkeit oder Streitigkeiten mit anderen Hunden auszuschließen.

Giftige Pflanzen

Viele Pflanzen sind für Hunde giftig. Wenn Ihr Welpe mit einem Pflanzenteil im Maul herumläuft, nähern Sie sich ihm ganz ruhig und vermeiden Sie direkten Augenkontakt, streicheln ihn und nehmen ihm das Pflanzenteil aus dem Maul. Stellen Sie sicher, dass sich keine Giftpflanzen in Ihrer Wohnung und im Garten befinden.

Genauso wichtig wie die Sicherheit innerhalb der Wohnung ist die Sicherheit im Freien. Ihr Welpe sollte niemals unbeaufsichtigt sein, jedoch werden Sie es kaum verhindern können, dass er im Freien herumtollen und auf Erkundungsreise gehen wird, was Sie ihm auch gestatten sollten. Aber Vorsicht, denn ein eingezäunter Garten bietet manchmal eine nur trügerische Sicherheit. Sie werden staunen, wieviel Kraft und Ausdauer ein Hund aufbringen kann, um sich unter einem Zaun hindurchzugraben oder sich erfolgreich durch das kleinste Loch im Zaun zu quetschen. Ein ein Meter hoher Zaun sollte für einen Tibet Terrier ein ausreichendes Hindernis sein, allerdings wurden auch schon Hunde beobachtet, die einen über zwei Meter hohen Zaun mühelos überwanden. Kontrollieren Sie den Zaun in regelmäßigen Abständen auf Beschädigungen, denn ein sehr konsequenter Welpe kehrt so lange immer wieder an eine erfolgversprechende Schwachstelle zurück und bearbeitet diese, bis er sich einen Weg hindurch geschaffen hat.

Der erste Tierarztbesuch

Sie haben sich Ihren Tibet Terrier-Welpen ausgesucht, Heim und Familie sind auf den Neuankömmling vorbereitet, und alles, was Ihnen jetzt noch zu tun bleibt, ist den Welpen beim Züchter abzuholen, und dann kann der Spaß beginnen, richtig? Vorsicht, nicht so schnell - da ist

Chemische Gifte

Wenn Sie eine Garage besitzen, muss auch diese „hundesicher“ sein. Pestizide und Frostschutzmittel müssen außerhalb der Reichweite des Welpen untergebracht sein, denn nur einige Tropfen können ihn töten. Der süßliche Geruch und Geschmack von Frostschutzmitteln verleitet jeden Welpen dazu, es vom Boden aufzulecken.

noch etwas anderes, was Sie vorbereiten müssen, nämlich den ersten Besuch mit Ihrem Welpen beim Tierarzt.
Vielleicht kann der Züchter oder ein anderer Tibet Terrier-Halter einen besonders guten Tierarzt empfehlen. In jedem Fall aber sollten Sie bereits einen Termin mit dem Arzt vereinbart haben, bevor Sie Ihren Welpen vom Züchter abholen. Sie sollten ihn innerhalb der ersten Tage zu einer Grunduntersuchung bei Ihrem Tierarzt vorstellen.
Diese Untersuchung besteht aus der Überprüfung seines allgemeinen Gesundheitszustandes, um sicherzustellen, dass keine Probleme vorliegen, die man nicht mit bloßem Auge erkennt. Ihr Tierarzt wird außerdem einen Impfplan aufstellen, der Auskunft darüber gibt, wann welche neuen Impfungen oder Nachimpfungen fällig werden.

Einführung in die Familie

Jedes Familienmitglied wird dem Einzug Ihres Welpen mit Freude und Aufregung entgegensehen, ihn streicheln und mit ihm spielen wollen. Es ist jedoch besser, die Begrüßungszeremonie nicht zu übertreiben. Er ist ohnehin bereits stark verunsichert, denn er wurde das erste Mal von seiner Mutter, seinen Geschwistern und dem Züchter getrennt. Der Transport in sein neues Zuhause ist wahrscheinlich auch seine erste Bekanntschaft mit einem Auto gewesen. Sie sollten ihn deshalb keinesfalls mit Liebkosungen „ersticken", da ihn dieses Verhalten nur noch mehr ängstigen würde. Damit soll jedoch nicht gesagt sein, dass der Kontakt mit Menschen in diesem Stadium nicht wichtig wäre, denn genau in dieser Zeit ent-

Welpensicherheit

Bevor Sie Ihren Welpen nach Hause holen, sollten Sie Ihr Heim bereits „welpensicher" gemacht haben. Verwenden Sie niemals Rattengift, Insektenschutz- oder gefährliche Reinigungsmittel im Lebensraum Ihres Hundes. Das gilt auch für Toilettenbeckenreiniger, denn jeder Welpe wird gerne einen „Schluck nehmen", wenn der Toilettendeckel offensteht.

Natürliche Gifte

Wenn Sie einen Garten besitzen, sollten Sie ihn nach versteckten Gefahren für Ihren Welpen überprüfen, bevor er sich dort frei bewegen darf. Überraschend viele Pflanzen haben giftige Stoffe in Blättern und Blüten, vor denen ein neugieriger Welpe leider keinen Halt macht. Fragen Sie Ihren Tierarzt nach giftigen Pflanzen, wie man sie erkennt und Unfälle vermeidet.

Fütterungshinweise

Sie sollten Ihren Welpen mit demselben Futter versorgen, das er beim Züchter erhalten hat. Im Idealfall wird der Züchter Ihnen einen kleinen Vorrat mitgeben. Ein Welpe sollte zwischen den Mahlzeiten nicht mit zu vielen Leckereien verwöhnt werden. Der Kalorienbedarf eines Welpen ist relativ niedrig, und einige Leckerchen können schnell den gesamten Kalorienbedarf für den Tag decken, ohne dass der Welpe die notwendigen Nährstoffe zu sich genommen hat.

wickelt sich eine Beziehung zwischen dem Welpen und seiner neuen Familie. Sanftes Streicheln und liebkosende, beruhigende Worte sind ihm eine genauso große Hilfe wie die Möglichkeit, seine neue Umgebung selbständig erforschen zu können - natürlich unter den wachsamen Augen seines Halters. Ein Welpe kann seine erste Aufmerksamkeit seinen neuen Familienmitgliedern schenken oder sich auch erst einmal für einige Zeit der Erkundung seiner neuen Umgebung widmen. Nach und nach sollte jedes Familienmitglied etwas Zeit mit dem Welpen verbringen, sich dazu auf den Boden, also auf etwa die Ebene des Welpen begeben, ihn an den Händen riechen lassen und ihn sanft streicheln. Der Welpe braucht die Aufmerksamkeit des Menschen und sollte auch unbedingt angefasst werden, denn so entsteht eine erste Bindung.
Denken Sie aber bitte stets daran, dass der Welpe zum ersten Mal in seinem Leben binnen sehr kurzer Zeit mit vielen Neuheiten konfrontiert wird. Da sind fremde Menschen, fremde Geräusche, neue Gerüche und viele fremdartige Dinge, die untersucht werden müssen. Seien Sie deshalb so sanft, liebevoll und so ermutigend wie möglich.

Die erste Nacht im neuen Zuhause

Den Weg in sein neues Heim hat der Welpe sicher in seinem Körbchen oder seiner Box überstanden. Er hat vielleicht schon den ersten Tierarztbesuch hinter sich, wurde gewogen, seine Papiere wurden überprüft, er wurde schon geimpft und entwurmt. Er hat seine neue Familie kennengelernt und alle Mitglieder, einschließlich der aufgeregten Kinder und der nicht ganz so glücklichen Katze liebevoll abgeleckt. Er hat seine neue Umgebung erkundet, sein neues Bett ausprobiert, den Garten und alle Wohn-

Wie Impfstoffe wirken

Wenn Sie Ihren Welpen gerade erst bekommen haben, wissen Sie sicher, wie wichtig Impfungen für ihn sind. Aktive Impfstoffe enthalten genau die Erreger, gegen die der Körper Abwehrstoffe bilden und somit immunisiert werden soll. Damit die Erreger nicht gefährlich sind, wurden sie entweder abgetötet oder chemisch behandelt. Infiziert sich Ihr Hund nun, kann das Immunsystem sofort die geeignete Verteidigung einleiten!
Passive Impfstoffe enthalten bereits die notwendigen Antikörper und werden zur Behandlung einer bestehenden Infektion verwendet.

Tibet Terrier und Kinder sind die idealen Freunde, wenn beiden gezeigt wurde, wie sie miteinander umgehen müssen. Tibet Terrier sind umgänglich und wachsam und somit ein idealer Begleiter für die ganze Familie.

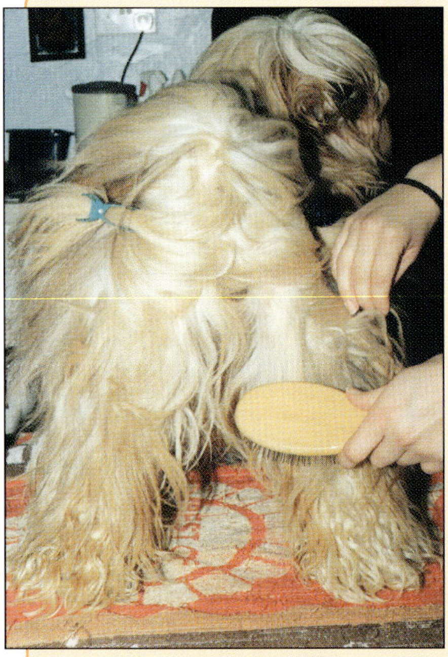

Sozialisation

Die Sozialisierung umfasst nicht nur den Kontakt mit anderen Menschen, sondern auch die Konfrontation mit neuen Situationen wie das Fahren im Auto, die Fellpflege, neue Geräusche, das Herumlaufen in einer Menschenmenge - diese Liste ist endlos. Je mehr Erfahrungen Ihr Welpe sammelt und je positiver diese sind, desto geringer sind der Schock und die Angst bei der Konfrontation mit neuen Dingen.

bereiche, die ihm zugänglich sind, ausgiebig abgeschnüffelt. Er hat sein erstes Futter im neuen Heim erhalten und ist an einem dafür vorgesehenen Platz Gassi gegangen. Er hat viele neue Geräusche gehört, den Geruch neuer Freunde aufgenommen und mehr von der fremden Welt dort draußen gesehen, als jemals zuvor. Und das war erst der erste Tag! Er ist völlig erschöpft und reif fürs Bett, zumindest haben Sie diesen Eindruck.

Es ist seine erste Nacht, und Sie wünschen ihm „Schöne Träume" - vergessen Sie jedoch nicht, dass dies auch die erste Nacht für ihn ist, die er allein verbringen muss. Seine Mutter und Geschwister sind nicht mehr bei ihm, und ihm ist kalt, er fühlt sich allein und hat auch etwas Angst. Seien Sie Ihrem neuen Familienmitglied daher eine Ermutigung, wirken Sie beruhigend auf den Welpen ein, aber denken Sie auch daran, dass dies nicht die Zeit zum Verwöhnen ist - geben Sie seinem unvermeidlichen Winseln nicht nach.

Das Winseln dient der Kommunikation. Er will Sie wissen lassen, wo er ist, und hofft, dass Sie zu ihm kommen und ihm Gesellschaft leisten werden. Legen Sie Ihren Welpen in dem dafür vorgesehenen Zimmer in sein Körbchen oder in seine Box und schließen Sie die Tür. Nach einiger Zeit wird er ruhig werden und einschlafen. Ignorieren Sie sein Winseln, denn es geht Ihrem Welpen wirklich gut. Seien Sie konsequent und denken daran, was das Beste für Ihren Welpen ist. Lassen Sie sich nicht von Mitleid übermannen, indem Sie aufstehen und nach ihm sehen. Über kurz oder lang wird er mit Sicherheit einschlafen.

Viele Züchter empfehlen, etwas von seinem alten Schlafplatz in das neue Bett zu legen, so dass er den Geruch seines Rudels erkennt. Andere raten dazu, eine Wärmflasche ins Bett zu legen. Dies ist keine schlechte Idee, vorausgesetzt, der

Wussten Sie schon?
Es wird etwa zwei Wochen dauern, bis sich Ihr Welpe an seine neue Umgebung gewöhnt hat. Geben Sie ihm in dieser Zeit besonders viel Liebe, Aufmerksamkeit, Streicheleinheiten und geben Sie ihm oft die Möglichkeit, sich zu erleichtern. Er braucht ein Futter, das ihm schmeckt, und einen eigenen Platz.

Welpe nuckelt nicht daran herum und löst so den Verschluss, denn ein nasser Welpe schläft nicht so schnell ein.
Die erste Nacht kann für den Welpen und für Sie stressig sein. Denken Sie daran, dass Sie in Ihrem Haus bestimmen, wann Schlafenszeit ist. Wenn Sie nicht jeden Tag bis 22 Uhr, um Mitternacht und morgens um 2 Uhr mit Ihrem Welpen spielen wollen, dann sollten Sie eine solche Entwicklung von vornherein unterbinden. Ihre Familie und auch Ihr Welpe werden es Ihnen danken.

Typischen Problemen vorbeugen

Sozialisierung
Nachdem alle Vorbereitungen abgeschlossen sind und sich Ihr Welpe in seinem neuen Heim eingewöhnt und mit der Familie Freundschaft geschlossen hat, ist es Zeit, dass der versprochene Spaß beginnt.
Ihr Welpe bekommt sofort während Ihren ersten Ausflügen die Vorteile zu spüren, die man als unwiderstehliches Fellbündel genießt. Jeder will einen streicheln und vermittelt Ihnen dabei den Eindruck, dass Ihr Welpe etwas ganz Besonderes ist.
Eine gute Sozialisierung umfasst nicht nur den Kontakt mit den Familienmitgliedern, sondern auch mit anderen Menschen, Tieren und Situationen. Aus guten Gründen sollte er jedoch nicht in

Erziehung erwünscht!
Während des Sozialisierungsprozesses sollte ein Welpe andere Menschen, eine neue Umgebung und andere Hunde kennenlernen. Durch das Spielen mit seinen Wurfgeschwistern und anderen Hunden lernt er, seine Kräfte zu kontrollieren und auch, wie er sich in seinem Rudel zu verhalten hat. Das hilft ihm auch für den Rest seines Lebens dabei, sich in seiner neuen Familie in seine Rangstellung zu fügen. Deshalb sollten die Welpen nicht vor der vollendeten achten Woche von ihrem Rudel getrennt werden, denn bis da dauert die Phase, in der die kleinen Hunde diese wichtigen Verhaltensweisen erlernen.

Stressfreiheit

Einige Experten auf dem Gebiet der Hundemedizin sagen, dass Stress innerhalb der frühen Entwicklungsjahre eines Hundes das Immunsystem beeinträchtigen und schwächen und somit die Lebenserwartung verkürzen kann. Sie unterstreichen daher die Notwendigkeit für eine glückliche Entwicklungsphase mit möglichst wenig Stress.

engen Kontakt mit Ihnen nicht näher bekannten Hunden kommen, solange seine Grundimpfungen noch nicht abgeschlossen sind. Dies hilft ihm dabei, zu einem anpassungsfähigen Hund heranzuwachsen und verhindert, dass er neuen Dingen und Situationen gegenüber ängstlich reagiert. Die Sozialisierung eines Welpen beginnt bereits beim Züchter und geht dann in die Verantwortung des neuen Besitzers über. Die kritischste Phase der Sozialisierung fällt in das Alter von 8 bis 10 Wochen, denn innerhalb dieser Zeit formen sich die Eindrücke, die der Welpe von seiner Umwelt hat. Jeglicher Kontakt mit anderen Menschen oder Tieren sollte in dieser Zeit bewusst zärtlich und ermunternd sein. Eine mangelhafte Sozialisierung kann sich später in Form von Angst und Aggressivität zeigen. Ihr Welpe sollte häufig mit anderen Menschen und Tieren zusammenkommen, oft angefasst und liebevoll umsorgt werden.

Die Sozialisation schließt auch kleine Raufereien ein. So lernen die Welpen den Umgang mit Artgenossen.

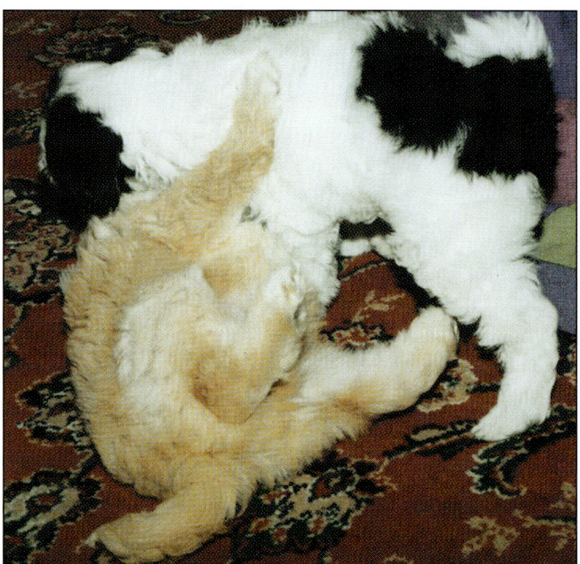

Nachdem Ihr Welpe all seine notwendigen Impfungen erhalten hat, können Sie ihn gefahrlos ausführen - wo es geht auch ohne Leine. Machen Sie ihn mit Ihrer Nachbarschaft bekannt, nehmen Sie ihn auf Ihren täglichen Besorgungsgängen mit, erlauben Sie anderen Personen ihn anzufassen, lassen Sie ihn an anderen Hunden und Tieren schnüffeln und so weiter. Welpen müssen sich nicht um neue Freundschaften bemühen, denn sie treffen ständig auf tierliebe Menschen, die ihnen ihre Aufmerksamkeit schenken. Allerdings sollten Sie jeden neuen Kontakt aufmerksam überwachen. Wenn beispielsweise die Kinder Ihrer Nachbarn den Neuankömmling begrüßen wollen, so ist das wunderbar,

Keine Schokolade bitte!

Verwenden Sie beim Training Ihres Hundes kleine Stücke Hartkäse oder andere Leckerlis als Belohnung. Geben Sie Ihrem Hund aber niemals Schokolade, denn diese enthält für Hunde giftige Bestandteile.

denn Kinder und Welpen sind meistens die besten Freunde. Es kann jedoch auch dazu kommen, dass ein aufgeregtes Kind unabsichtlich zu grob mit dem Welpen umgeht oder ein übermütiger Welpe in seiner Verspieltheit nach der Hand des Kindes schnappt. Die Erfahrungen während der Sozialisierung sollten in jedem Fall positiv sein, denn alles, was der Welpe innerhalb dieser sehr wichtigen Entwicklungsphase lernt, prägt sein Verhalten in später auftretenden Situationen. Ein Welpe, der mit einem Kind eine schlechte Erfahrung gemacht hat, kann später Kindern gegenüber ein unsicheres Verhalten zeigen.

Konsequente Erziehung

Hunde sind Rudeltiere und benötigen deshalb einen Rudelführer, andernfalls versuchen sie sich selbst als Rudelführer zu etablieren. Wenn Sie einen Hund in Ihre Familie aufnehmen, liegt es an Ihnen, wer zum „Rudelführer" erhoben wird. Die instinktive Neigung Ihres Welpen zur Dominanz in Verbindung mit seinen unwiderstehlichen treuen, braunen Augen verschaffen ihm einen beinahe unfairen Vorteil im Kampf um die Oberhand. Ein Welpe wird unweigerlich ausprobieren, wie weit er bei seinem Halter gehen kann - womit er durchkommt und womit nicht!

Geben Sie diesen bittenden Augen nicht nach, bleiben Sie standfest, wenn es um die Erziehung Ihres Welpen geht, und stellen Sie sicher, dass alle anderen Familienmitglieder ebenso handeln. Es wird ihn nur verunsichern, wenn Frauchen ihn von der Couch jagt, während er es gewöhnt ist, von dort aus mit Herrchen die Abendnachrichten zu sehen. Dies trägt nicht zu seiner Erziehung bei. Vermeiden Sie derartige Diskrepanzen, indem Sie die Richtlinien darüber, was erlaubt und was verboten ist, vor dem Einzug des Welpen mit Ihrer Familie festlegen, und bleiben Sie

Die richtige Sozialisation

Die Sozialisationsphase reicht bei Welpen von der achten bis zur sechzehnten Woche. Dies ist auch die Zeit, in der die Welpen von ihrer Mutter getrennt werden sollten und zu ihren neuen Besitzern kommen, wo sie neue Menschen und andere Haustiere treffen. Eine falsche Sozialisation kann die Ursache für ängstliche und schüchterne Hunde sein, denen es an Selbstvertrauen mangelt.

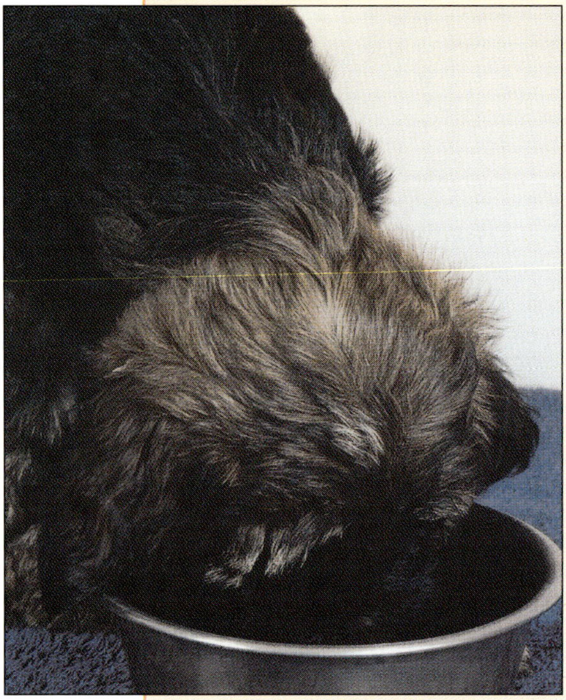

Qualitätsfutter

Die Futterkosten sollten nicht unerwähnt bleiben. Jeder Hund benötigt eine ausgewogene Ernährung, um seine Knochen und Muskeln aufzubauen. Die meisten Hunde sind zwar keine mäkeligen Fresser, können jedoch bei einer unzureichenden Ernährung schnell Haut- und andere Gesundheitsprobleme entwickeln.

bei der Einhaltung dieser Richtlinien standhaft! Ein frühes Training formt die Persönlichkeit Ihres Hundes, so dass es keinen Zweifel darüber gibt, was Sie zu erwarten haben.

Typische Probleme mit Welpen

Der beste Weg zur Vermeidung von Problemen ist der, ein unakzeptables Verhalten gleich im Keim zu ersticken. Das alte Sprichwort „Man kann einem alten Hund keine neuen Tricks beibringen" entspricht nicht in jedem Fall den Tatsachen, allerdings ist es viel einfacher, ein schlechtes Benehmen bei einem jungen Welpen zu unterbinden, als zu warten, bis aus der schlechten Angewohnheit des Welpen ein unerträgliches Verhalten des erwachsenen Hundes geworden ist. Es gibt einige Probleme, die speziell in der Entwicklungsphase auftreten.

Schnappen

Wenn die Welpen zu zahnen beginnen, möchten Sie an allem herumknabbern. Unglücklicherweise schließt das auch Ihre Finger, Arme, Haare und Zehen ein. Sie finden dieses Verhaltens anfangs vielleicht noch niedlich, bis Sie bemerken, wie spitz die kleinen Zähne eines Welpen wirklich sind. Sie sollten dieses

Die erste Autofahrt

Die Autofahrt vom Züchter in Ihr Heim kann für den Welpen und für Sie eine unangenehme Erfahrung werden. Der Welpe wird aus seiner warmen, gewohnten und sicheren Umgebung in eine fremde und neue Welt gebracht - eine Welt, die sich bewegt! Machen Sie sich deshalb auf eventuell auftretenden Durchfall, Urinieren, Weinen, Winseln und sogar Angstbeißen gefasst. Zuhause angekommen können Sie ihm aber mit viel Liebe und Ermunterung helfen, den Stress seiner ersten Autofahrt schnell zu vergessen.

Welpentraining

Die Erziehung Ihres Welpen erfordert viel Geduld und kann anfangs manchmal frustrierend sein, jedoch werden sich nach kurzer Zeit die ersten Erfolge einstellen. Falls Ihr Welpe unerziehbar erscheint, stellen Sie ihn einem professionellen Hundetrainer oder Verhaltensspezialisten vor. Meist liegen die Probleme darin, dass der Hundehalter zu wenig vom richtigen Verständnis des Welpen weiß.

Verhalten von Beginn an mit einem klaren „Nein“ unterbinden, auch wenn Sie den Befehl anfangs wiederholen müssen. Geben Sie ihm stattdessen lieber ein geeignetes Kauspielzeug. Auch wenn dieses Verhalten bei einem Welpen lediglich lästig ist, wird es schon gefährlich, wenn ein ausgewachsener Tibet Terrier mit seinen großen Zähnen und kräftigen Kiefern immer noch denkt, es wäre in Ordnung, in die Extremitäten von Menschen zu beißen. Ihr Tibet Terrier hat zwar keine bösen Hintergedanken, aber er kann seine eigene Stärke nur schlecht einschätzen.

Weinen und Winseln

Ihr Welpe wird anfangs weinen, winseln oder irgendwelchen anderen Tumult veranstalten, wenn er allein gelassen wird. Das ist seine Art, sich Aufmerksamkeit zu verschaffen und sicherzustellen, dass Sie ihn nicht vergessen haben.
Allein gelassen fühlt er sich unsicher, was bereits der Fall ist, wenn Sie nur eben in den Garten gehen und er in seiner Hundebox oder im Haus bleiben muss, oder wenn Sie in ein anderes Zimmer gehen und er Sie nicht mehr sehen kann. Die von Ihrem Welpen ausgestoßenen Laute sind ein Ausdruck der Angst, die er empfindet, wenn er sich allein gelassen fühlt. Er muss lernen, dass das Alleinsein etwas Normales und Unbedrohliches ist. Zu diesem Zweck trainieren Sie den Hund nicht dahingehend, dass er das Heulen und Winseln einstellt, sondern eher in die Richtung, dass er sich auch allein in Haus oder

Welpenprobleme

Die Mehrheit der bei Welpen auftretenden Probleme stellen sich von selbst ein, sobald Ihr Hund älter wird. Dennoch bestimmt die Art und Weise, wie Sie mit diesen Problemen umgehen, wie Ihr Hund später auf disziplinarische Maßnahmen reagiert. Es ist wichtig, von Anfang an klar zu machen, wer der Herr im Haus ist - hoffentlich Sie! Die Beziehung, die sich in den ersten Monaten zwischen Ihnen und Ihrem Hund bildet, ist für den Rest Ihres gemeinsamen Lebens ausschlaggebend.

Kau-Tipps

Kauen steht stets in Zusammenhang mit Beißen, denn ein zahnender Welpe ist ständig auf der Suche nach einer Möglichkeit, sein schmerzendes und juckendes Zahnfleisch zu besänftigen. Es kann passieren, dass er an Ihren Lieblingsschuhen oder etwas anderem kaut, ohne dass ihm dies erlaubt ist. Berücksichtigen Sie jedoch, dass es sich hierbei um ein für junge Hunde völlig normales Verhalten handelt, das nicht unterbunden, sondern lediglich in die gewünschte Richtung umgeleitet werden muss. Ihr Welpe muss lernen, woran er herumnagen darf und woran nicht. Wenn er an verbotenen Dingen nagt, sagen Sie in strengem Ton „Nein!" und geben ihm ein Kauspielzeug. Im Gegenzug dazu loben Sie ihn ausgiebig, wann immer er an seinem dafür gedachten Spielzeug herumkaut. Auf diese Weise lernt Ihr Welpe, an welchen Dingen er nagen darf und an welchen nicht. Sie leiten lediglich seinen Nagetrieb in die richtige Richtung. Nachdem der Zahnwechsel abgeschlossen ist, lässt auch der Kaudrang merklich nach, jedoch geht er auch bei erwachsenen Hunden nicht völlig verloren. Einige erwachsene Hunde kauen aus Langeweile, andere um Spannungen abzubauen oder einfach nur, weil es ihnen Spaß macht. Aus diesem Grund ist es wichtig, dass der Hund bereits im frühen Alter lernt, woran er kauen darf und woran nicht.

Wohnung wohl und sicher fühlt. Die direkte Folge davon ist, dass er automatisch damit aufhört, seiner Unzufriedenheit lautstark Ausdruck zu geben. Hier kommt bei der Ausbildung die mit Decken und mit Spielzeug ausgestattete Hundebox ins Spiel. Sie wollen, dass Ihr Welpe sicher ist, wenn Sie ihn allein und ohne Aufsicht lassen müssen, und Sie wissen auch, dass die Hundebox dafür ein guter Platz ist. Damit Ihr Welpe seinen Platz akzeptiert, muss er sich darin natürlich wohlfühlen. Aus diesem Grund ist es ausgesprochen wichtig, dass die Hundebox niemals zum Mittel von Bestrafungen wird, denn dann würde der Hund die Kiste mit einer negativen Erfahrung assoziieren.

Sie gewöhnen Ihren Welpen am besten an seine Box, wenn Sie ihn erst für kurze Zeit und dann für immer länger werdende Intervalle vielleicht mit einem Leckerbissen in der Kiste lassen. Währenddessen bleiben Sie im selben Raum. Wenn er weint, winselt oder heult, ignorieren Sie dies, bleiben jedoch in seiner Sichtweite. Nach und nach wird er verstehen, dass der Aufenthalt in seiner Box nichts Bedrohliches ist, wodurch er das Alleinsein dann auch weniger traumatisch empfindet. Vielleicht lassen Sie das Radio auf sanfter Lautstärke eingeschaltet, wenn Sie das Haus oder die Wohnung verlassen - der Klang einer menschlichen Stimme kann eine beruhigende Wirkung haben.

Dieser niedliche Tibet Terrier ist sowohl gut gepflegt als auch wohl erzogen. Er sitzt da wie ein Modell, das fotografiert werden will.

Die tägliche Pflege Ihres Tibet Terriers

Fragen zu Ernährung und Fütterung

Tibet Terrier stellen im Allgemeinen keine besonderen Ernährungsansprüche an Sie. Wie bei jeder Rasse kann es aber sein, dass der eine oder andere Hund auf Grund von Krankheiten oder Allergien bestimmte Futtersorten besser verträgt. Die Ernährung hängt auch sehr vom Aktivitätsgrad Ihres Tibet Terriers ab und ein gut trainierter Hund, mit dem Sie beispielsweise am Agility-Sport teilnehmen, braucht eine proteinreichere Kost als ein eher ruhiger Hund.
Heutzutage können Sie aus einer großen Bandbreite an Futtermarken und Futtersorten wählen. Es gibt dutzende von verschiedenen Herstellern, die Futter in allen Geschmacksrichtungen und Darreichungsformen und für alle Altersgruppen vom Welpen bis zum älteren Hund anbieten. Es gibt sogar spezielle Futtersorten für allergische und übergewichtige Hunde. Da das Futter auch einen Einfluss auf das Fell, die Gesundheit und das Temperament Ihres Tibet Terriers hat, müssen Sie sich um eine altersgerechte Ernährung bemühen. Sogar erfahrene Züchter stehen manchmal ratlos vor der großen Auswahl an Futtersorten, aber wenn Sie genau wissen, welche Ansprüche Ihr Hund an Sie stellt, werden Sie die richtige Entscheidung treffen können.
Hundefutter werden derzeit in drei verschiedenen Grundformen angeboten: als Trockenfutter, halbfeuchtes Futter und Feuchtfutter in Dosen. Trockenfutter sind in der Regel günstiger als die halbfeuchten und Feuchtfuttersorten. Sie enthalten am wenigsten Fett, aber auch viele Konservierungsstoffe. Dosenfuttersorten enthalten in der Regel bis zu 70 Prozent Wasser, wohingegen die halbfeuchten Futtersorten einen oft sehr hohen Zuckeranteil aufweisen, so dass sie von den Hunden zwar geliebt, von den Haltern aber nicht so gern genommen werden.
Wenn Sie auf der Suche nach dem geeigneten Hundefutter sind, müssen Sie auf jeden Fall eine Futtersorte auswählen, die dem Entwicklungsstand Ihres Hundes entspricht: ein Welpen-, Erwachsenen- oder Seniorfutter.

Wussten Sie schon?

Als Nachweis für eine gesunde Ernährung Ihres Hundes sind die Farbe, der Geruch und die Festigkeit seines Stuhls gut geeignet. Ein gesunder Hund produziert gewöhnlich pro Tag drei mittelfeste Kothaufen. Der Kot sollte nicht unangenehm riechen, die gleiche Festigkeit aufweisen und stets die gleiche Farbe haben.

Die Ernährung des Welpen

Welpen wollen instinktiv Milch an den Zitzen ihrer Mutter saugen. Ein gesunder, normal entwickelter Welpe wird dieses Verhalten schon wenige Momente nach der Geburt zeigen. Wenn ein Welpe nicht innerhalb der ersten halben Stunde nach der Geburt zu saugen beginnt, sollten Sie ihn an die Zitzen der Mutter legen. Suchen Sie dazu besonders milchgefüllte Zitzen aus, um den Kleinen zum Saugen zu ermuntern. Diese erste Muttermilch, auch Kolostrum genannt, enthält alle wichtigen Nährstoffe und erste Antikörper, die der Welpe in den ersten acht Wochen benötigt. Obwohl die Muttermilch besser ist als jede kommerzielle Welpenmilch, und es gibt ein paar gute, müssen Sie die Welpen, die nicht saugen wollen, von Hand aufziehen. Wenn Sie noch keine Erfahrung mit der Aufzucht von Hand haben, lassen Sie sich unbedingt von einem Tierarzt beraten. Er nennt Ihnen geeignete Produkte, damit nicht nur die Menge, sondern auch der Inhalt stimmt. Die Neugeborenen müssen sehr häufig, mindestens alle zwei Stunden während der ersten Tage, gefüttert werden.

Die Welpen sollten mindesten die ersten sechs Wochen lang von der Mutter gefüttert werden, wobei Sie ab der dritten oder vierten Woche mit ersten Beifütterungen beginnen können. Nehmen Sie dazu ein geeignetes Welpenfutter. Viele Züchter nehmen hierzu kommerzielle Welpenmilch und kleinere Fleischmahlzeiten und arbeiten so schon auf die Entwöhnungsphase hin.

Mit einem Alter von acht Wochen sollten die Welpen vollständig entwöhnt sein und nur noch mit einer geeigneten Welpenkost ernährt werden. Es ist jetzt besonders wichtig, dass Sie ein qualitativ hochwertiges Futter verwenden, denn die Welpen befinden sich in der schnellsten Wachstumsphase ihres Lebens. Ihr Tierarzt kann Ihnen bei allen Fragen mit seinem Rat zur Seite stehen und obwohl Sie im ersten Jahr die Fütterungen von anfangs vier bis fünf Mahlzeiten auf nur noch ein bis zwei verringern, sollten Sie in den ersten zwölf Monaten bei einer speziellen Welpenkost bleiben. Erst nach Vollendung des zwölften Lebensmonats stellen Sie Ihren Tibet Terrier langsam auf ein Futter für erwachsene Hunde um.

Wenn Sie Ihren Welpen beim Züchter abholen, sollte er Ihnen für die Zeit der

Trockenfutter

Trockenfutter muss sorgfältig gelagert werden. Bei offenen Packungen gehen innerhalb von nur neunzig Tagen die im Futter enthaltenen Vitamine verloren. Geöffnete Packungen können durch Schimmelpilzsporen oder durch Ungeziefer kontaminiert werden.

Der Feinschmecker

Hunde bevorzugen keine frischen Knochen, sondern mögen sie am liebsten gut abgehangen. Wenn Sie einen Garten besitzen, geben Sie Ihrem Hund den Knochen draußen, damit er seine Delikatesse an einem geeigneten Ort vergraben kann. Er wird nun so lange warten, bis der Knochen das richtige Alter zum Verzehr erreicht hat, ähnlich wie ein guter Wein lagern muss, oder Sie Ihr Steak gerne englisch, medium oder durchgebraten haben möchten. Generell ist das Verfüttern von Knochen eine strittige Frage. Genau wie rohes Fleisch, kann auch ein roher Knochen Parasiten enthalten, weswegen Sie ihn unbedingt abkochen sollten. Auch robuste Rinderknochen können im ungünstigen Fall so zersplittern, dass sich Ihr Hund an den Stücken schwere innere Verletzungen zufügen kann. Auch wenn es viele Hundehalter gibt, die ihren Hunden seit Jahren Knochen füttern, ohne jemals ein Problem damit gehabt zu haben, ist es doch nicht ganz risikolos. Kauknochen aus der Zoohandlung sind ein guter Ersatz.

Eingewöhnung einen Ernährungsplan mitgeben, der genau beschreibt, wie Ihr Welpe gefüttert wurde. Es steht Ihnen frei, die Ernährung umzustellen, was Sie spätestens tun werden, wenn Ihr Hund erwachsen ist. Sie sollten sich aber zumindest während der Eingewöhnungszeit noch an diesen Plan halten. Erst dann können Sie die Ernährung langsam umstellen. Auch hier wird Ihnen Ihr Züchter beratend zur Seite stehen.

Die Komplettfuttersorten für Welpen und heranwachsende Hunde sind in ihrer Zusammensetzung so ausbalanciert, dass normalerweise keine weiteren Vitamine, Mineralien oder Proteine hinzugegeben werden müssen, es sei denn Ihr Hund braucht aus gesundheitlichen Gründen eine spezielle Ernährung.

Die Ernährung des erwachsenen Hundes

Einen Hund sehen wir als erwachsen an, wenn sein Größenwachstum stoppt. In der Regel können Sie bei einem Tibet Terrier im Alter von zehn bis zwölf Monaten das Futter langsam auf eine Sorte für erwachsene Hunde umstellen. Wenn Sie im Zweifel sind, ob die Zeit schon gekommen ist oder welches Futter Sie nehmen sollten, verlassen Sie sich auf den Rat Ihres Tierarztes. Alle großen Hundefutterhersteller haben sich auch auf Futtersorten für erwachsene Hunde spezialisiert und Sie müssen sich nur noch für die geeignetste Sorte entscheiden. Ein aktiver Hund hat dabei andere Ansprüche als ein ruhiger Hund.
Einige Halter füttern ihre Hunde nur einmal am Tag und geben ihnen dann noch einen kleinen Snack in der anderen

Was schmeckt ein Hund?

Wenn Sie manchmal beobachten, wie Ihr Hund sein Fressen einfach zu verschlingen scheint, fragt man sich, ob er überhaupt etwas schmeckt. Hunde haben von Geburt an ausgebildete Geschmacksnerven, die zwischen süß, salzig und sauer unterscheiden können

Das „Welpenrudel" teilt sich normalerweise das Futter aus einem großen Fressnapf. Erwachsene Hunde sollten jedoch ihren eigenen Fressnapf haben, um Futterneid und Wettbewerbsverhalten vorzubeugen.

Tageshälfte; andere füttern ihren Hund zweimal. Sie müssen selbst herausfinden, was für Sie und Ihren Hund am besten ist. Achten Sie aber darauf, dass Ihr Hund vor und nach jeder Mahlzeit etwa eine Stunde Ruhe bekommt.

Einige Halter geben gerne verschiedene Zutaten zum Trockenfutter dazu, wie gekochtes Fleisch, Gemüse oder Obst. Denken Sie aber daran, dass Sie die Zusammensetzung des Fertigfutters damit aus der Balance bringen! Es gibt inzwischen eine so große Auswahl an unterschiedlichen Geschmacksrichtungen, dass Sie nicht selbst herumexperimentieren müssen. Wenn Sie Abwechslung in das Trockenfutter bringen wollen, weichen Sie es am besten in etwas kalter Brühe ein.

Futtervorlieben

Die Auswahl des besten Fertigfutters ist schwierig. Die Ernährungswissenschaftler haben kein größeres Anliegen, als den Nährstoffgehalt von Futterarten abzustimmen (Proteine, Fett, Faserstoffe, Feuchtigkeitsgehalt, Cholesteringehalt, Mineralstoffe und andere). Alle sind sich darin einig, dass eine gesunde Ernährung wichtig ist, jedoch muss der Hund als Individuum betrachtet werden. Sein Gewicht, Alter, Aktivität und der persönliche Geschmack müssen gleichermaßen in die Überlegung einfließen. Das Beste ist, sich auf die Empfehlung eines Tierarztes zu verlassen. Die Ernährungsansprüche jedes Hundes sind variabel, sogar während der Lebenszeit ein und desselben Hundes. Wenn Ihr Hund ein gutes Futter erhält, kann auf Fleisch- oder Gemüsezusätze verzichtet werden. Auch Hunde mögen etwas Abwechslung. Sie können bei Ihrer Futtermarke bleiben, jedoch eine andere Geschmacksrichtung anbieten. Sie können dem Futter zu diesem Zweck auch etwas Brühe in verschiedenen Geschmacksrichtungen beimengen.

Achten Sie aufs Gewicht!

Eine gute Ernährung ist wichtig für die Gesundheit Ihres Hundes. Viele Halter überfüttern ihre Hunde aber mit unnützen Beigaben, hier einige Beispiele:

- Das Hinzufügen von Milch, Joghurt und Käse scheint gut für das Fell und die Haut zu sein, aber Molkereiprodukte sind sehr fetthaltig und können Durchfall verursachen.
- Fettreiche Nahrung führt zwar nicht zu Herzanfällen, sorgt aber sicher dafür, dass Ihr Hund zunimmt.
- Glauben Sie bloß nicht, Ihr Hund hört erst dann zu fressen auf, wenn er keinen Hunger mehr hat. Wenn Sie ihm die Möglichkeit geben, frisst Ihr Hund Sie um Hab und Gut!

Futter auf Getreidebasis

Viele Futtersorten für erwachsene Hunde werden auf der Grundlage von Getreide hergestellt. Daran ist nichts auszusetzen, solange das Futter kein Sojamehl enthält, denn Sojamehl enthaltende Futterarten verursachen häufig Blähungen. Derartige Futtersorten sind allerdings oftmals die preiswertesten und qualitativ genauso gut wie das teuerste Futter auf Fleischbasis.
Es gibt viele Situationen, in denen Ihr Hund eine spezielle Ernährung benötigen könnte. Allerdings sollten Sie die Entscheidung über solche speziellen Ansprüche stets mit Ihrem Tierarzt absprechen.

Die Ernährung des älteren Hundes

Wenn Ihr Hunde älter wird, verändert sich auch sein Stoffwechsel. Ein älterer Hund macht nicht mehr soviel Sport, bewegt sich generell langsamer und schläft häufiger. Dieser Wandel in seinen Lebensgewohnheiten erfordert auch eine Nahrungsumstellung. Da diese Veränderungen nur recht langsam eintreten, werden Sie sie zunächst fast nicht bemerken, außer durch eine immer deutlichere Gewichtszunahme. Diese Gewichtszunahme kommt zustande, wenn Sie Ihrem Hund immer noch eine Futtersorte für erwachsene Hunde füttern, obwohl sich sein Stoffwechsel und seine Aktivitäten schon verlangsamt haben. Übergewicht verschlimmert die Alterserscheinungen, die nun sowieso schon die Begleiter Ihres Hundes sind. Kaum ein Organ ist nicht in seiner Leistungsfähigkeit beeinträchtigt, wenn Ihr

Dieser Tibet Terrier trägt ein Stirnband, um seine Ohren während der Mahlzeiten nicht zu verunreinigen

„Steht mir das Halsband auch wirklich gut?“

Während viele Menschen von ihrem Aussehen besessen sind und ihren Körper im besten Zustand halten, denken viele, dass ihrem Hund ein paar Pfunde zu viel gut stehen. In Wahrheit macht auch Hunde ihr Über- oder Untergewicht krank. Um den Ernährungszustand Ihres Hundes zu überprüfen, streichen Sie ihm mit der Hand über die Rippen. Können Sie diese unter der Speckschicht nicht fühlen, ist er zu dick, merken Sie jede Rippe deutlich, ist Ihr Hund zu dünn. Im Idealfall können Sie die Rippen leicht ertasten, ohne dass sie sich aber abzeichnen. Von oben betrachtet, sollte die Silouette Ihres Hundes in etwa einer Sanduhr entsprechen, die in der Mitte dünn ist und zu beiden Enden hin deutlich kräftiger wird.

Wie ernähren Sie Ihren Hund?

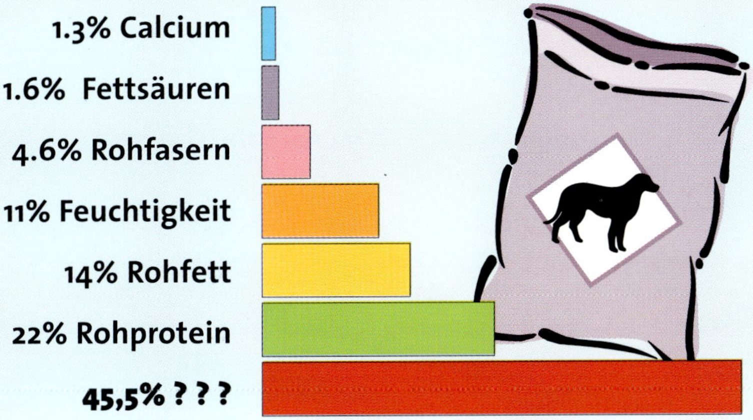

Beachten Sie die Inhaltsangaben Ihres Hundefutters. Viele Hersteller geben nur 50 bis 55% der Inhaltsstoffe an und lassen die restlichen 45 bis 50% ohne Angaben unter den Tisch fallen.

Auslauf

Auch wenn es so scheint, das sich Tibet Terrier voll und ganz den Aktivitäten ihres Halters anpassen, handelt es sich hier um eine sehr aktive Rasse, und so sollten Sie Ihrem Hund die Möglichkeit geben, sich sowohl frei als auch bei einem Spaziergang an der Leine zu bewegen. Kommt Ihr Hund mit anderen zusammen, werden sie ihre Energien im Spiel abreagieren können.

Die Muskeln sollten immer in einem festen, durchtrainierten Zustand sein. Dazu genügt auch schon die regelmäßige Bewegung an der Leine, die zudem auch den Geist anregt. Tibet Terrier können recht schnell rennen, lassen Sie Ihren Hund also nur dort frei laufen, wo Sie sich sicher sein können, dass ihm nichts zustoßen kann.

Denken Sie daran, dass ein Tibet Terrier, der frei herumlaufen kann, schnell nass und schmutzig wird und sich jede Menge Unrat in seinem langen Fell verfangen kann. Ist Ihr Hund längere Zeit einer großen Feuchtigkeit ausgesetzt, kann dies vor allem bei älteren Hunden zu stärkeren Gliederschmerzen führen. Trocknen Sie deshalb das Fell ab und bringen es in seinen ursprünglichen Zustand. Bürsten Sie auch alle „Mitbringsel" aus dem langen Fell und befreien es von allen Knötchen.

Tibet Terrier können gut springen. Sie können Ihrem Tibet Terrier einen Gefallen tun, indem Sie ihm verschiedene Möglichkeiten bieten, seine Sprungfähigkeiten zu testen. Die Ebenen, die Sie dabei einrichten, dürfen aber nicht so hoch sein, dass er sich beim herunterspringen verletzen kann.

So wichtig ist Wasser

Wasser macht bei Hunden und Menschen, so wie bei den meisten lebenden Organismen, den Hauptanteil beinahe jedes Körperteils aus. Wir setzen das Vorhandensein von Wasser als selbstverständlich voraus, dabei wäre ohne Wasser kein uns bekanntes Leben möglich. Hunde benötigen Wasser, um ihren biochemischen Haushalt aufrecht zu erhalten. Wasser, das sie vor allem durch Hecheln verlieren, müssen sie wieder aufnehmen. Hunde können nicht so wie wir Menschen schwitzen, sie müssen hecheln, um ihren Körper abzukühlen. Dabei verdunstet das lebenswichtige Wasser. Menschen verlieren beim Schwitzen neben anderen Stoffen auch wichtige Elektrolyte, Hunde verlieren nur Wasser.

Eine ausreichende Versorgung mit Wasser ist immer wichtig, besonders aber an heißen und schwülen Tagen oder wenn Ihr Hund trainiert oder hart arbeitet.

Fellpflege

Sie müssen Ihren Tibet Terrier regelmäßig bürsten. Am besten gewöhnen Sie ihn schon als Welpe an diese Prozedur. Zunächst genügen ein paar Minuten täglich, jedoch verlängert sich die Pflege langsam, je älter Ihr Hund und je länger sein Fell wird. Sie sollten Ihrem Welpen beibringen, zur Fellpflege sicher auf einer stabilen Unterlage zu stehen, beispielsweise einem geeigneten Tisch, auf dem der Hund nicht ausrutschen kann. Lassen Sie Ihren Hund aber unter keinen

Pflegezubehör

Hier einige Beispiele, welche Hilfsmittel für die Körperpflege Ihres Tibet Terriers nützlich sind:

- Naturborstenbürste
- Drahtbürste
- Metallkamm
- Schere
- Föhn
- Gummimatte
- Hundeshampoo
- Ohrreiniger
- Watteballchen
- dicke Handtücher
- Krallenschneider

Umständen unbeaufsichtigt auf dem Tisch, um Verletzungen zu vermeiden, wenn er versucht herunterzuspringen. Beginnen Sie am besten mit der Fellpflege, indem Sie ein paar Male mit einer Bürste sanft durch das Fell streichen. Achten Sie darauf, dass Sie besonders am Anfang nicht an irgendwelchen Knoten hängen bleiben, da Ihr Welpe das Bürsten ansonsten gleich als unangenehme Erfahrung verbuchen wird.
Sie werden bemerken, dass das Fell Ihres Tibet Terriers mit der Zeit nicht nur wächst, sondern sich auch von einem typischen Welpenfell zum festeren Fell eines erwachsenen Hundes verändert. Dies wird für Sie die Fellpflege erschweren, denn die Knoten scheinen sich nur zu leicht zu bilden. Erst jetzt bemerken Sie wahrscheinlich, wie einfach die Fellpflege bei Ihrem Welpen war.

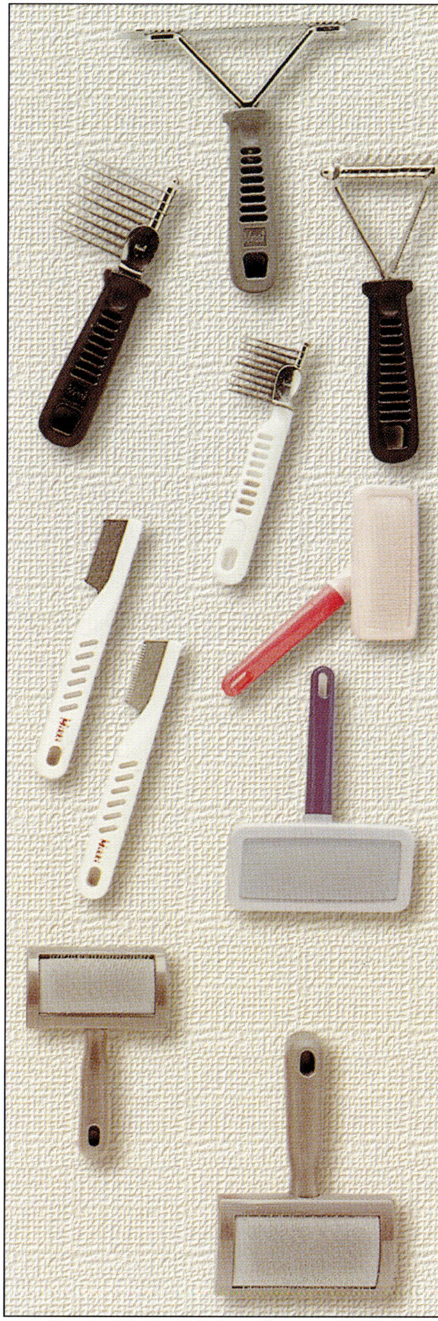

Ihr Zoohändler hat eine große Auswahl an Pflegeutensilien. Dort werden Sie das geeignete Zubehör bestimmt finden.

Benutzen Sie nur Shampoos, die speziell für Hunde gemacht sind und massieren Sie diese bis zur Haut ein.

Nach dem Waschen spülen Sie das Fell gut durch, damit kein bisschen Shampoo zurückbleibt.

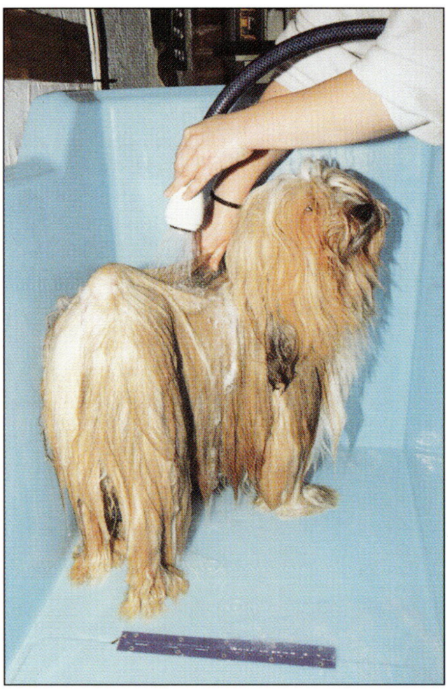

Auch wenn Sie das Fell nicht nur nach dem Baden bürsten, sondern auch zwischendurch, dürfen Sie dies nicht im völlig trockenen Zustand machen. Um zu verhindern, dass die Spitzen abbrechen, können Sie ein leichtes Conditioner-Spray benutzen; oft genügt es auch schon, wenn Sie das Fell mit etwas Wasser aus der Sprühflasche anfeuchten.

Der Körper

Sie sollten das Fell in bestimmte Bereiche einteilen und jeden Bereich einzeln durchbürsten, immer in die Richtung, in die das Fell wächst. Es ist wichtig, dass Sie das Fell bis zur Haut hinunter durchbürsten und die Unterwolle dabei nicht vergessen. Nachdem Sie die gröbere Arbeit mit einer Bürste getan haben, können Sie dem Fell den letzten Schliff mit einem Kamm geben, dessen Zacken nicht zu eng stehen dürfen.

Falls Sie Verfilzungen im Fell Ihres Tibet Terriers finden, sprühen Sie den Bereich großzügig mit Wasser, Conditioner oder einem speziellen Anti-Knoten-Spray ein. Lassen Sie das Mittel etwas einwirken und entwirren Sie den Knoten dann mit Ihren Fingern. Arbeiten Sie sich dabei immer von innen nach außen vor, sonst wird der Knoten nur noch fester! Feste Knoten müssen Sie vielleicht mit einem weit gezahnten Kamm herauskämmen. Vermeiden Sie es aber unbedingt, an dem Knoten zu ziehen, denn das tut Ihrem Hund weh und Sie reißen ihm dabei vermutlich zu viel Fell aus.

Seien Sie besonders vorsichtig, wenn Sie unter den Achseln und am Bauch bürsten, denn hier ist Ihr Hund besonders empfindlich. Achten Sie auch auf die

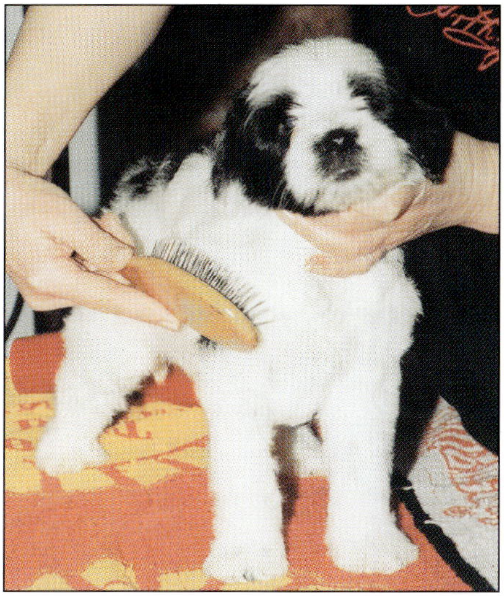

Sie sollten Ihren Tibet Terrier schon früh an das tägliche Bürsten gewöhnen.

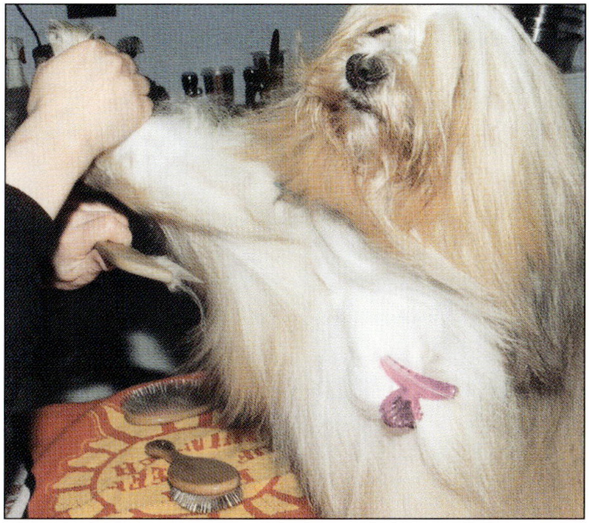

Die Achseln benötigen Ihre spezielle Aufmerksamkeit. Das Fell verfilzt hier schnell und Sie müssen besonders vorsichtig sein, da die Achseln sehr empfindlich sind.

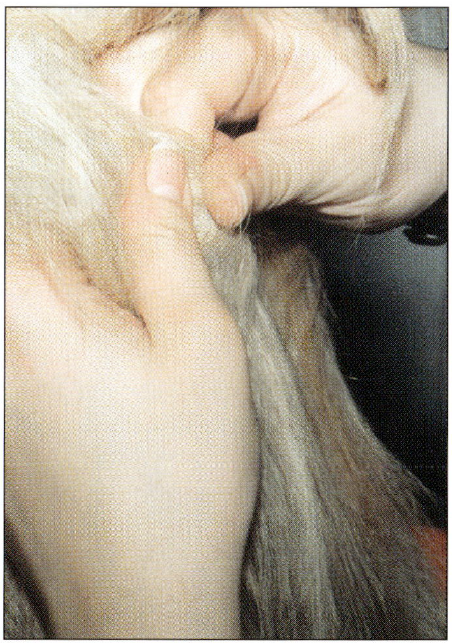

Knoten können Sie vorsichtig mit den Fingern entfernen, indem Sie diese von innen nach außen lösen.

Das Fell teilen Sie und bürsten es in Abschnitten.

Zitzen und denken Sie daran, dass auch Rüden Zitzen besitzen!
Um Knoten und Verfilzungen zu vermeiden, entfernen Sie nach jedem Spaziergang allen Dreck aus dem Fell. Achten Sie auch darauf, dass sich keine Reste von seinem Stuhlgang im Fell verfangen haben. Zwischen den Bädern können Sie auch einen Badeschwamm benutzen, um den gröbsten Dreck zu beseitigen, trocknen Sie Ihren Hund aber immer gut ab!
Einige Hunde mögen es gar nicht, wenn Ihre Pfoten gebürstet werden; anderen macht es gar nichts aus. Auf jeden Fall müssen Sie die Pfoten regelmäßig kontrollieren. Entfernen Sie Knoten zwischen den Zehen und achten Sie auf die Länge der Krallen.

Badetipps

Nachdem Sie das Fell Ihres Hundes gründlich ausgespült haben, pressen Sie das überschüssige Wasser mit den Händen aus den Fell und trocknen den Hund mit einem Handtuch ab. Sie können das Fell auch an der Luft oder auch mit Hilfe eines Föhns trocknen. Bei kaltem Wetter sollten Sie Ihren Hund niemals mit nassem Fell nach draußen lassen.
Seit einiger Zeit sind Trockenshampoos in Spray- oder Puderform erhältlich, die zwischen den Bädern zum Reinigen verschmutzter Fellbereiche verwendet werden können. Sie stellen zwar keinen Ersatz für ein Bad dar, sind jedoch zum Entfernen von kleinflächigen Verschmutzungen ganz praktisch, denn sie müssen nicht ausgespült werden.

Der Kopf und die letzten Feinheiten

Es ist wichtig, die Ohren und Augen sauber zu halten und Sie sollten sie jeden Tag kontrollieren. Einige Besitzer halten es für hilfreich, ihren Hunden während der Mahlzeiten eine Art Stirnband anzulegen, damit der Kopf und die Ohren nicht dreckig werden.
Achten Sie beim Bürsten besonders auf die Haare hinter den Ohren. Diese sind meist feiner und verknoten sehr leicht.
Nach Beendigung der kompletten Fellpflege ist es heute sehr verbreitet, das Fell mit einem groben Kamm entlang der Wirbelsäule zu teilen und nach beiden Seiten gleich herunter zu kämmen. Das ist aber reine Geschmackssache und es gibt auch heute viele Halter, die das Fell auf dem Rücken nicht scheiteln.

Das Scheren

Obwohl die allermeisten Tibet Terrier mit ihrem langen Fell herumlaufen, lassen einige Besitzer ihren Tibet Terrier doch scheren. Dabei wird das Fell auf eine gut zu handhabende Länge gestutzt. Die meisten Besitzer bringen ihren Hund hierzu in den Hundesalon. Ein geschorener Tibet Terrier sieht immer noch sehr niedlich aus. Es ist viel besser, seinen Tibet Terrier scheren zu lassen, als ihn verfilzt herumlaufen zu lassen, weil man keine Zeit oder Lust für die Fellpflege aufbringen kann. Dennoch braucht ein kurz geschorener Tibet Terrier noch immer seine Fellpflege, die Sie durch das Scheren nur vereinfachen, aber nicht vollständig umgehen können.

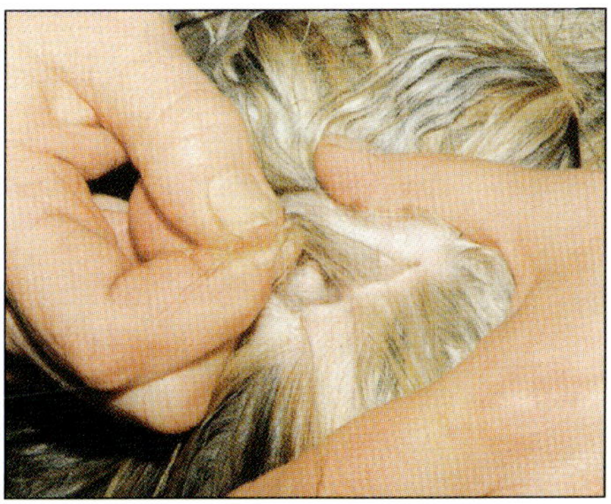

Wenn Sie es erst einmal gelernt haben, ist das Auszupfen der Haare an den Ohren eine einfache Aufgabe.

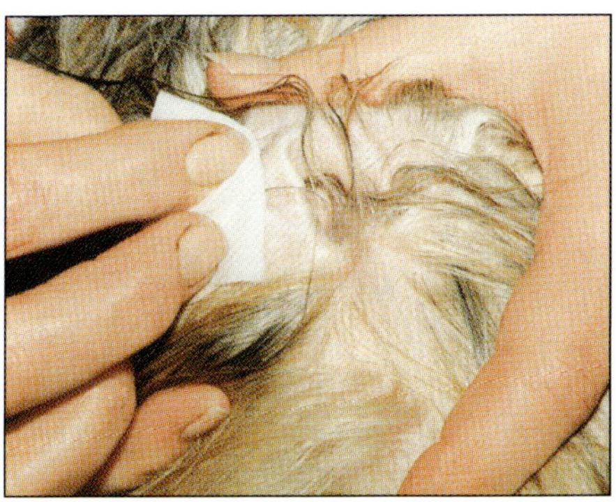

Die Ohren sollten Sie vorsichtig mit Baumwolltupfern und speziellen Ohrreinigern säubern.

Seif mich ein!

Der Gebrauch von für den Menschen bestimmten Seifenprodukten wie Shampoo, Badeschaum und Seife kann der Haut und dem Fell Ihres Tibet Terriers ernsthaft schaden. Diese Produkte sind zu scharf und zerstören den Säureschutzmantel der Haut, der den Hund wiederstandsfähig gegen Witterungseinflüsse macht. Ihr Hund braucht nur dann ein Bad, wenn sein Fell schmutzig ist oder der Tierarzt aus gesundheitlichen Gründen medizinische Bäder verordnet. Sie dürfen nur spezielle Hundeshampoos verwenden.

Die Ohrenpflege

Da der Tibet Terrier insgesamt ein langes Fell hat, finden sich auch in seinen Ohren recht lange und ziemlich viele Haare. Sie sollten diese Haare vorsichtig mit einer speziellen, stumpfen Pinzette oder, wenn Ihnen das lieber ist, mit Ihren Fingern auszupfen. Zupfen Sie dabei immer nur wenige Haare auf einmal heraus, damit Sie Ihrem Hund nicht

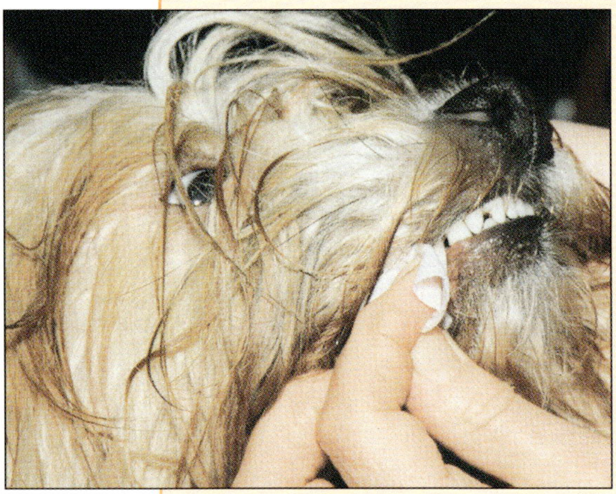

Tödlicher Belag
Auch eine vermeindlich simple Zahnfleischentzündung kann sich durch Folgeerkrankungen zu einem lebensbedrohlichen Zustand für Ihren Hund entwickeln. Pflegen Sie die Zähne Ihres Hundes gut!

weh tun. Die Ohren sollten Sie nur mit einem speziellen Ohrenreiniger und Baumwolltupfern oder Reinigungstäbchen säubern. Seien Sie bei der Pflege vorsichtig und wenden auf keinen Fall Gewalt an.

Die Zähne
Die Zähne sollten immer frei von Zahnstein gehalten werden. Es gibt mittlerweile einige spezielle Zahnreiniger für Hunde, darunter die klassische Zahnbürste mit Zahnpasta. Erfahrene Hundebesitzer entfernen leichten Zahnstein selbst mit einem speziellen Kratzinstrument für Zähne. Dies sollten Sie aber wirklich nur nach intensiver Anleitung durch Ihren Tierarzt selbst ausprobieren.

Das Krallenschneiden
Ihr Tibet Terrier sollte schon zu einem frühen Zeitpunkt an das Krallenschneiden gewöhnt werden, denn diese Prozedur wird ihn sein Leben lang begleiten. Geschnittene Krallen sehen nicht nur besser aus, Ihr Hund kann mit seinen langen Krallen andere auch unabsichtlich kratzen. Eine zu lange Kralle kann auch ausreißen und bluten oder zu einer gespreizten Pfotenstellung führen. Wenn Sie die Krallen Ihres Hundes auf einem festen Untergrund hören kön-

Tipps zur Krallenpflege
Ein Hund, der viel Zeit im Freien verbringt und auf harten Oberflächen läuft, wetzt sich seine Krallen auf natürliche Weise ab, wodurch das Beschneiden der Krallen meistens nur in den kalten Wintermonaten nötig wird, wenn der Hund seltener im Freien ist. In jedem Fall aber ist es ratsam, Ihren Tibet Terrier bereits als Welpen an diese Prozedur zu gewöhnen. Viele Hunde reagieren auf die Berührung ihrer Pfoten sehr empfindlich, werden sie jedoch von klein auf daran gewöhnt, sollte es auch in Zukunft keine Probleme damit geben.

nen, ist es an der Zeit, sie zu schneiden. Bevor Sie mit dem Schneiden beginnen, suchen Sie in der Mitte der Kralle nach dem Nerv und den Blutgefäßen, die sich nahe an den Zehen befinden. Wenn Sie in die Ader und den Nerv schneiden, tut es dem Hund weh und beginnt zu bluten. Haben Sie für solch einen Fall ein blutstillendes Mittel zur Hand, als Stift oder als Puder erhältlich, wie man es auch nach dem Rasieren benutzt! Diese Mittel können Blutungen sehr schnell zum Stillstand bringen. Tragen Sie es einfach auf das Ende der Kralle auf. Geraten Sie nicht in Panik, wenn Ihnen das passiert. Stoppen Sie die Blutung und reden beruhigend auf Ihren Hund ein. Wenn sich Ihr Hund wieder beruhigt hat, machen Sie einfach mit der nächsten Kralle weiter. Es ist besser, immer nur ein wenig von der Kralle wegzuschneiden, besonders bei stark pigmentierten Krallen, bei denen man das Blutgefäß schlecht erkennt.

Krallenpflege

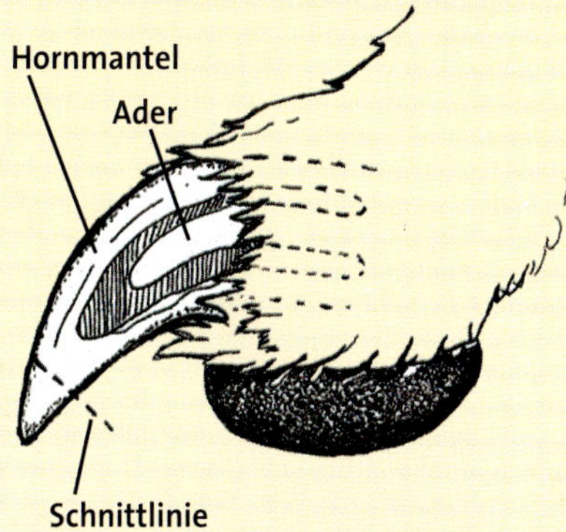

Dunkel gefärbte Kralle

Da bei stark pigmentierten Krallen die Ader oft nicht zu erkennen ist, empfiehlt sich stückchenweises Abknipsen oder der Gebrauch einer Feile.

Hell gefärbte Kralle

Bei hellen Krallen ist das Beschneiden viel einfacher, denn die Ader in der Kralle ist gut zu erkennen.

Für Hunde mit besonders kräftigen Krallen gibt es im Handel auch besonders robuste Krallenschneider.

Halten Sie Ihren Liebling ruhig, wenn Sie mit dem Schneiden beginnen; Sie wollen bestimmt nicht, dass er eine plötzliche Bewegung macht oder davonläuft. Reden Sie sanft mit ihm und streicheln Sie ihn, während Sie seine Krallen schneiden. Halten Sie seine Pfote in Ihrer Hand und entfernen Sie die Spitze jeder Krallen mit einem schnellen Schnitt. Es gibt spezielle Krallenschneider für Hunde, die Sie dort bekommen, wo Sie auch das Hundefutter oder die Hundebürsten kaufen.

Reisen mit Ihrem Tibet Terrier

Autoreisen

Gewöhnen Sie Ihren Tibet Terrier schon früh an das Fahren im Auto. Auch wenn Sie mit Ihrem Hund später nicht besonders häufig im Auto fahren werden, wollen Sie nicht, dass die gelegentlichen Fahrten zum Tierarzt oder in den Wald für Sie zu anstrengend oder für Ihren Hund gar traumatisch enden. Die sicherste Unterbringung in Ihrem Auto ist für den Hund eine Hundebox. Wenn er auch zu Hause eine Box hat, können Sie diese auch im Auto verwenden. Set-

Reisen im Auto

Wenn Sie sich mit Ihrem Hund auf eine längere Autoreise begeben, informieren Sie sich vorher, ob in den Hotels Hunde erlaubt sind. In vielen Hotels ist das nicht der Fall. Haben Sie auch immer etwas Eis dabei, das zum einen gerne von Hunden abgeleckt wird und zum anderen gute Dienste tut, wenn Ihr Hund während der Fahrt überhitzt.

Reisetipp

Lassen Sie Ihren Hund niemals allein im Auto. Bei hohen Temperaturen kann Ihr Hund im geschlossenen Auto an Hitzschlag sterben, und selbst ein im Schatten geparktes Auto kann sich schnell aufheizen. Offen gelassene Fenster können gefährlich werden, wenn Ihr Hund versucht, aus seinem „Gefängnis“ auszubrechen und sich dabei verletzt.

Reisetipp

Lassen Sie Ihren Hund in Pausen während der Fahrt niemals ohne Leine am Rastplatz herumlaufen. Er kennt das Gelände genauso wenig wie Sie, könnte einen Schreck bekommen und weglaufen oder sich entscheiden, einer vorbeikommenden Katze hinterherzujagen - und Sie sehen Ihren geliebten Hund dann vielleicht nie wieder.

zen Sie Ihren Hund im Auto in die Box und schauen, wie er reagiert. Wenn er unsicher wirkt, sollte sich jemand zur Beruhigung neben ihn setzen. Es gibt auch spezielle Sicherheitsgeschirre für Hunde, die ähnlich wie ein Sicherheitsgurt funktionieren. Lassen Sie Ihren Hund nie frei im Auto herumlaufen; das ist sehr gefährlich! Wenn Sie plötzlich bremsen müssen, fliegt Ihr Hund durch das ganze Auto und kann sich und alle anderen schwer verletzen. Falls Ihr Hund während der Fahrt zu Ihnen will und Sie belästigt, können Sie sich nicht mehr auf den Verkehr konzentrieren. Dies ist eine sehr gefährliche Situation, sowohl für den Hund, als auch für die Menschen. Seien Sie auf längeren Reisen darauf vorbereitet, häufiger einmal anzuhalten, damit sich Ihr Hund erleichtern kann. Nehmen Sie alles Notwendige mit, um

Leichte Drahtkäfige sind ideal für den Transport im Auto. Lassen Sie Ihren Hund nie frei im Auto laufen.

Endlich frei!

Einmal ohne Leine zu laufen kann für Ihren Hund ein großer Spaß sein und er zeigt Ihnen einmal, was Sie alles beim Gehorsamstraining falsch gemacht haben. Wenn Sie Ihrem Hund einmal die Möglichkeit geben wollen, ohne den Leinenzwang zu spielen und mit ihm einmal ohne Leine zu üben, ist der beste Platz hierfür ein eingezäuntes Gelände, in dem Hunde miteinander ihre überschüssigen Energien rauslassen können. Lassen Sie Ihren Hund unbeaufsichtigt herumlaufen, schauen Sie sich auch die anderen Hunde an und halten Sie sich an die Regeln, auch was die Beseitigung der Hinterlassenschaften Ihres Hundes angeht.

Reisevorbereitungen

Wenn Sie mit Ihrem Hund ins Ausland reisen, sind bereits einige Monate zuvor spezielle Vorbereitungen zu treffen, da die Richtlinien zur Einfuhr in jedem Land unterschiedlich sind. Es können spezielle Gesundheitsbescheinigungen oder Impfungen verlangt werden, die oftmals innerhalb einer bestimmten Zeit vor Reiseantritt verabreicht werden müssen. In tollwutfreien Ländern wird eine Impfbescheinigung verlangt. In manchen Fällen muss sogar eine Quarantänezeit eingehalten werden, bevor sich Ihr Hund frei bewegen darf.

seine Hinterlassenschaften beseitigen zu können. Am besten haben Sie immer ein paar alte Handtücher im Wagen, falls einmal ein Malheur im Wagen passiert oder Ihr Hund reisekrank wird.

Flugreisen

Die Mitnahme von Hunden auf Inlandsflügen ist meist wesentlich unkomplizierter als bei Flügen ins europäische Ausland oder gar auf Fernflügen. Sie sollten sich frühzeitig um die Klärung aller Formalitäten sowohl der Fluggesellschaft als auch des Einreiselandes kümmern. Die Fluggesellschaften stellen bestimmte Anforderungen an die Hundebox. Einige Gesellschaften stellen Ihnen auch eine Box zur Verfügung. Entweder ist diese im Flugpreis enthalten, oder sie kann geliehen werden.

Um Ihrem Hund den Flug so angenehm wie möglich zu machen, geben Sie ihm sein Lieblingsspielzeug mit in die Box. Füttern Sie Ihren Hund mindestens sechs Stunden vor Abflug nicht mehr, damit er sich nicht so oft lösen muss. Wasser muss er auf jeden Fall in seiner Box haben. Sorgen Sie für eine ausreichende Kenn-

Manchmal werden Sie Ihren Hund in eine Pension geben müssen. Wählen Sie diese gut aus und achten Sie auf die Sauberkeit und wie die Angestellten mit den Hunden umgehen, damit Sie sich völlig sicher fühlen können.

Reisetipp

Wie lang eine Autofahrt mit Ihrem Hund auch dauert: Denken Sie immer zuerst an seine und Ihre Sicherheit. Auch auf einer kurzen Fahrt zum Tierarzt sollte Ihr Hund genauso sicher in seiner Transportbox untergebracht sein, wie auf einer mehrstündigen Fahrt in den Urlaub.

zeichnung Ihres Hundes. Ihre Kontaktadresse am Zielort muss unbedingt auf seiner Erkennungsmarke und der Box stehen. Tiere ab einer bestimmten Größe reisen in einem separaten Bereich im Flugzeug, getrennt von den Passagieren. Sie müssen deshalb jede mögliche Vorsorge treffen, damit Ihr Hund nicht verloren geht.

Hotelbuchung

Auf Ihren Familienurlaub sollen diesmal alle Mitglieder mitkommen - wirklich alle, auch Ihr Tibet Terrier! Sie werden sich wie immer wahrscheinlich schon im Vorfeld um Übernachtungsmöglichkeiten kümmern, dies ist aber besonders wichtig, wenn Sie mit Ihrem Hund verreisen. Sie werden wohl nicht sehr begeistert sein, wenn Sie erst bei Ihrer Ankunft feststellen müssen, dass in dem einzigen Hotel weit und breit keine Hunde erlaubt sind. Sie sollten sich deshalb schon bei der Zimmerreservierung für sich und Ihre Familie rückversichern, dass in diesem Hotel auch Hunde erlaubt sind. Ist dies nicht der Fall, dann nützt Ihnen auch die Reservierung nichts!

Lass die Sonne scheinen!

Hunde brauchen die tägliche Portion Sonne aus den gleichen Gründen wie wir Menschen, ansonsten können auch sie an „SAD" (saisonbedingte Störung) erkranken. Die Sonne ist wichtig für die Regulierung unseres Hormonhaushaltes, da das Sonnenlicht durch die Iris die Zirbeldrüse anregt. Wenn wir uns ständig in künstlichem Licht aufhalten, wird sowohl unser Kreislauf, als auch unsere Hormonproduktion aus dem Gleichgewicht gebracht.

Die Hundepension

Wenn Sie andererseits ohne Ihren Tibet Terrier verreisen möchten, müssen Sie sich um seine Versorgung während Ihrer Abwesenheit kümmern. Dazu können Sie ihn entweder zu einem Nachbarn, einem Bekannten oder Verwandten bringen, der sich um ihn kümmert. Vielleicht finden Sie jemanden, der während Ihrer Abwesenheit in Ihr Haus einzieht und sich um den Hund kümmert. Sollte dies alles nicht möglich sein, bleibt Ihnen noch die Unterbringung in einer Tierpension, auch manche Züchter bieten für ihre Hunde eine Ferienunterbringung an. Eine Hundepension sollten Sie sich sehr genau ansehen. Vielleicht können Ihnen andere Besitzer, Freunde, Ihr Tierarzt oder Züchter eine gute Pension empfehlen. Schauen Sie genau darauf, dass die Hunde gut versorgt werden und die Pfleger liebevoll mit ihnen umgehen. Sie sollten den Impfschutz Ihres Hundes nochmals überprüfen und ihn gegebenenfalls gegen Zwingerhusten impfen lassen

Wenn Sie ein geeignetes Halsband gefunden haben, bringen Sie unbedingt eine Erkennungsmarke an, die Sie bei Ihrem Tierarzt oder im Zoohandel erhalten

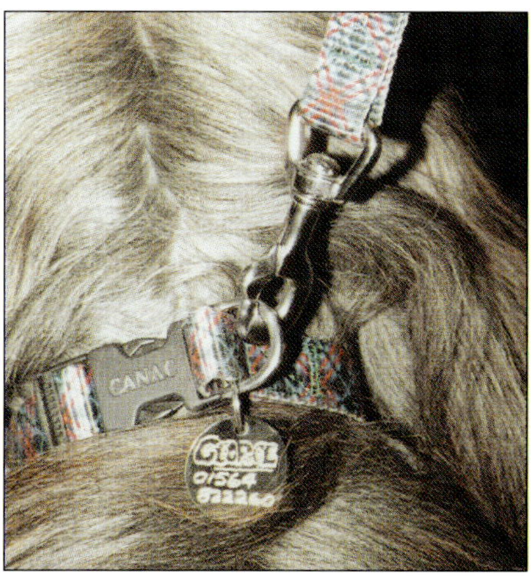

Eine Erkennungsmarke ist für jeden Hund ein Muss. Achten Sie darauf, dass sie sicher am Halsband befestigt ist.

Identifikation

Ihr Tibet Terrier ist Ihnen ein treuer Freund und Begleiter. Darum haben Sie auch immer ein wachsames Auge auf ihn und achten darauf, dass er nicht aus dem Garten rennt oder von der Leine entwischt. Dennoch können Sie nicht immer aufpassen und vielleicht ist er wirklich einmal auf und davon. Falls dieser tragische Umstand einmal eintreten sollte, möchten Sie Ihren Tibet Terrier so schnell wie möglich wiederfinden. Wenn Ihr Hund durch seine Erkennungsmarke, seine Tätowierung oder durch einen implantierten Mikrochip schnell identifiziert werden kann, erhöht dies die Wahrscheinlichkeit, dass Ihr Hund schnell und sicher zu Ihnen zurückkehren kann.

Die Erziehung Ihres Tibet Terriers

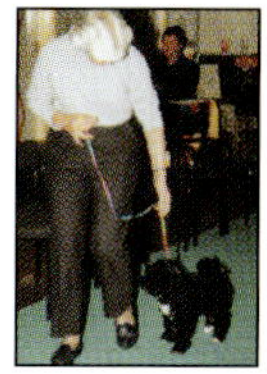

Einen Hund zu haben und ihn nicht konsequent zu erziehen ist ein bisschen so, wie ein Klavier zu besitzen und nur ab und zu darauf zu spielen. Es kommen zwar ein paar Töne raus, die mit etwas Glück auch gar nicht so schlecht klingen, aber auf Dauer sehen Sie keine Fortschritte. Sie werden allein beim Anblick des Klaviers frustriert sein und sich mit der Zeit immer weniger damit beschäftigen. Anders ist es, wenn Sie von Anfang an regelmäßig üben, wenn auch nur für ein paar Minuten am Tag. Sie werden das Klavier immer besser beherrschen und die wunderbarsten Melodien darauf spielen können. Das Klavier hat sich zu Ihrem Freund und nicht zu Ihrem Frust entwickelt.

Die gleiche Entwicklung können Sie bei Ihrem Hund erleben. Wenn Sie ihn nicht konsequent erziehen, wird das Zusammenleben eines Tages so anstrengend, dass es sogar innerhalb Ihrer Familie zu Spannungen kommen kann. Sie werden den Hund dafür verantwortlich machen und ihn dementsprechend schlecht behandeln und vernachlässigen.

Mit der Anschaffung eines Hundes übernehmen Sie eine große Verantwortung auch für seine Erziehung. Sie können mit ihm eine Hundeschule besuchen, viele Vereine bieten auch regelmäßige Treffen an, an denen unter Anleitung trainiert werden kann. Ein gut erzogener Hund nimmt dann eine völlig neue Rolle in Ihrem Leben ein, denn Sie merken, dass er schlau und lustig ist und Ihnen eine Menge Selbstvertrauen gibt, wenn er Ihnen ständig zeigt, dass Sie sein Held sind und wie wichtig Sie für ihn sind.

Leute, die mit Hundeerziehung zu tun haben, machten einige interessante Entdeckungen. So ist beispielsweise erwiesen, dass Sie den besten Erfolg haben, später einen gut erzogenen und sozialisierten Hund zu bekommen, wenn Sie mit der Erziehung im Welpenalter beginnen. Wenn Sie mit dem Training erst im Zeitraum von sechs Monaten bis zu sechs Jahren beginnen, können Sie fast die gleichen Trainingsergebnisse erzielen, wenn Sie die langsamere Lernleistung

Ein gut erzogener Hund ist ein Gewinn für seinen Halter, egal ob im Schauring oder in der Familie. Die Früchte Ihrer Arbeit ernten Sie beide ein Leben lang.

Elterlicher Ratschlag

Einen Hund zu trainieren ist eine Erfahrung fürs Leben. Viele Eltern sagen, dass sie vieles von dem, was sie über die Erziehung von Kindern wissen, durch die Pflege ihrer Hunde gelernt haben. Hunde sprechen auf Liebe, Fairness und Führung genauso gut an wie Kinder. Ein guter Hundehalter ist meist ein noch besseres Elternteil.

akzeptieren und mit Ihrer Geduld und Ihrem Verständnis auffangen, damit auch dieser Hund noch seine volle Leistung entfalten kann. Leider sind es gerade die Halter von schwierigen Hunden, denen diese Geduld fehlt und die häufig aufgeben, bevor sich erste Erfolge einstellen.

Welpen im Alter von zehn bis sechzehn oder höchstens zwanzig Wochen nehmen alles neu Erlernte auf, wie ein trockener Schwamm Wasser aufnimmt. Alles, was Sie dem Welpen beibringen, setzt dieser sofort um und wartet schon auf die nächste Lektion. In diesem frühen Alter produziert sein Körper noch keine Sexualhormone und genau hierin liegt die Ursache für den hohen Lernerfolg. Der Welpe ist in dieser Zeit vollständig auf seinen Halter fixiert; andere Menschen, Hunde oder Plätze interessieren ihn nicht. Sie sind sein Rudelführer, Sie geben ihm Nahrung, Wasser, Schutz und Geborgenheit. Er wird Ihnen überall hin folgen, wird Sie auch außerhalb der Wohnung nicht aus den Augen lassen und auf andere Menschen und Tiere so reagieren, wie Sie es ihm vormachen. Wenn Sie einen Freund herzlich begrüßen, wird er diese Person auch herzlich willkommen heißen. Wenn Sie, warum auch immer, ängstlich und zögernd auf jemanden zugehen, vielleicht weil er Ihnen fremd ist, wird auch Ihr Welpe entsprechend reagieren.

Wenn die Hormonproduktion beim Welpen erst einmal beginnt, steigt seine natürliche Neugier und er beginnt, seine Umwelt zu erforschen. Ungefähr zu dieser Zeit werden Sie auch bemerken, ob Ihre Erziehung erfolgreich war oder nicht, denn ein schlecht erzogener Hund wird nun jede Gelegenheit nutzen, seine eigenen Wege zu gehen und er wird auf Ihre Kommandos nicht oder schlecht reagieren. Wenn dieses Problem immer größer wird, werden Sie vielleicht sogar überlegen, Ihren Hund wegzugeben. Besser aber sollten Sie beginnen, das Versäumte nachzuholen und Ihren Hund nun gewissenhafter erziehen - noch ist es nicht zu spät!

Wenn Sie spüren, dass Ihre eigenen Bemühungen nicht fruchten und Sie Probleme bei der Erziehung haben,

Ernten Sie den Erfolg

Wenn Sie einen gesunden Hund haben, dem Sie genügend Zeit und Geduld widmen können, um ihm einige einfache Lektionen beizubringen, werden Sie sich sein ganzes Leben lang an den Früchten Ihrer gemeinsamen Arbeit erfreuen können. Sie und Ihr Hund werden unsagbar viel Freude an Ihrer Freundschaft haben, die sie gemeinsam mit Liebe, Respekt und Verständnis füreinander aufgebaut haben.

Es gibt bestimmt auch in Ihrer Gegend einen Hundesportverein. Hier können Sie mit Ihrem Hund allen möglichen sportlichen Aktivitäten nachgehen. Einige bieten gleichzeitig Gehorsamstrainings an. Dieser talentierte Tibet Terrier legt gerade seine Arbeitsprüfung ab.

Erziehungsratschlag

Ein Hund tut alles, um Ihre Aufmerksamkeit zu erlangen. Wenn Sie Ihren Hund für ruhiges und artiges Verhalten belohnen, wird er sich zu einem Hund mit guten Manieren entwickeln. Wenn Sie ihn aber immer aufgeregt und überschwänglich begrüßen und ihn zum Herumtoben in der Wohnung animieren, wird er sich zu einem ruhelosen, hektischen Hund entwickeln.

können Sie auch eine Hundeschule in Ihrer Nähe besuchen. Die Ausbildung an einer Schule kann aber sehr teuer sein und Sie können selbst sehr viel tun, damit Ihr Hund sich doch noch zu einem wohlerzogenen Vierbeiner entwickelt. Einige Anregungen erhalten Sie auf den nächsten Seiten!

Dieses Kapitel soll Ihnen dabei helfen, Ihren Tibet Terrier zu Hause zu trainieren. Wenn Sie die beschriebenen Erziehungsmethoden sorgfältig befolgen, werden Sie bestimmt positive Erfahrungen machen, die Ihre und die Anstrengungen Ihres Hundes belohnen werden.

Ob Ihr neuer Hund nun ausgewachsen oder noch ein Welpe ist, die Lernmethoden und Trainingstechniken sind exakt die gleichen. Kein Hund, ob erwachsen oder Welpe, spricht auf derbe und unmenschliche Erziehungsmethoden an. Alle Lebewesen bevorzugen aber eine positive Motivation und reagieren gut auf Lob und Anerkennung. Lassen Sie uns also beginnen!

Die Stubenreinheit

Sie können Ihren Welpen darauf trainieren, sich nur auf einem bestimmten Untergrund zu lösen, der für sein tägliches Geschäft auch geeignet ist. Denken Sie auch daran, dass Sie für die Beseiti-

Respekt und Gehorsam

Hunde sehen im Menschen in gewisser Weise einen Artgenossen. Hunde sind ein Teil unseres Lebens und erkennen uns als Rudelführer an. Aber Vorsicht: Welpen erkennen Kleinkinder nicht als Autoritätspersonen an; ihr Verhalten in der Gesellschaft von Kindern unterscheidet sich deutlich von dem, welches sie ihrem erwachsenen Halter gegenüber zeigen.

Fütterungszeit

Die Fütterung Ihres Welpen sollte in entspannter Atmosphäre stattfinden. Richten Sie seinen Fressplatz nicht dort ein, wo es unruhig werden könnte. Geben Sie ihm eine ungestörte Ecke in der Küche oder an einem anderen kühleren Ort, wo er in Ruhe fressen kann und nicht ständig im Weg ist. Lassen Sie nicht zu, dass er von Kindern oder anderen Familienmitgliedern während des Fressens gestört wird.

gung der Hinterlassenschaften Ihres Hundes in der Öffentlichkeit selbst verantwortlich sind. Haben Sie deshalb immer eine Plastiktüte und eine kleine Schaufel bei sich.

Wenn Sie Ihren Welpen draußen an einen Untergrund gewöhnen, ist das meistens Gras, Erde oder Zement. Haben Sie Ihren Tibet Terrier erst einmam an einen bestimmten Untergrund gewöhnen, seien Sie sich gewiss, dass er nun bevorzugt diesen Untergrund aufsuchen wird. Wenn Sie Ihren Hund an Gras gewöhnt haben und sich dann überlegen, Erde wäre doch besser, wird ihm die Umstellung nicht unbedingt leicht fallen.

Denken Sie sich ein Kommando aus, das Sie sagen, wenn Ihr Hund sein Geschäft machen soll. Ihrer Fantasie sind da keine Grenzen gesetzt, aber „Mach Häufchen“ oder „Mach Gassi“ sind zwei recht gebräuchliche und von Hundehaltern oft benutzte Kommandos.

Wenn Sie sich nun noch angewöhnen, das Löse-Kommando schon beim Losgehen zu sagen, „Wollen wir Gassi gehen?“, werden Sie bei Ihrem erwachsenen Hund schon an der Reaktion erkennen, ob er wirklich muss oder nicht. Mit dem Schwanz wedeln, Sie interessiert anschauen und zur Tür gehen sind eindeutige Anzeichen dafür.

Erst denken, dann bellen!

Hunde reagieren sehr sensibel auf die Stimmung und Gefühle ihres Halters. Setzen Sie Ihre Stimme überlegt ein, wenn Sie mit Ihrem Hund sprechen. Erheben Sie Ihre Stimme nie, wenn Sie nicht verärgert sind und ihn zurecht weisen wollen. Ihr Hund kann Ihr Anblaffen genauso wenig verstehen wie Sie sein Bellen. Also, erst denken, dann bellen!

Zeitungsteppich

Legen Sie den Schlafplatz Ihres Welpen nicht mit Zeitungspapier aus. Welpen werden gewöhnlich beim Züchter auf Zeitungspapier gehalten, weshalb das Zeitungspapier in Ihrer Wohnung als Löseplatz genutzt wird. Wenn Sie Ihren Welpen auf Zeitungspapier trainieren, verwenden Sie das Papier ausschließlich an dem dafür vorgesehenen Platz. Außerdem sollten Sie abends seine Wasseraufnahme nach der letzten Mahlzeit einschränken. Lassen Sie ihn nur wenige Schlucke trinken - er sollte nach der Fütterung nicht unnötig viel Wasser trinken.

Ansprüche des Welpen

Welpen müssen sich fast ständig lösen. Sie sollten deshalb nach jeder Mahlzeit, nach dem Spielen, nach jedem Schläfchen und natürlich sobald er Anzeichen zeigt, dass er einen Platz zum Lösen oder Häufchen machen sucht, mit ihm nach draußen gehen.

Die Schließmuskeln der Blase und des Darms sind bei jungen Welpen noch nicht voll entwickelt. Deshalb müssen sich junge Welpen, genau wie kleine Babys, noch sehr häufig entleeren.

Gehen Sie mit Ihrem Welpen häufig nach draußen. Ein acht Wochen alter Welpe muss beispielsweise stündlich nach draußen und immer unmittelbar nach den Mahlzeiten und seinen Ruhepausen. Je älter Ihr Welpe wird, desto seltener müssen Sie mit ihm nach draußen gehen. Als erwachsener Hund genügen ihm schließlich drei bis fünf Spaziergänge täglich, auf denen er seine Geschäfte verrichten kann.

Die Unterbringung

Da die Art der Unterbringung und Kontrolle Ihres Welpen in einem direkten Zusammenhang mit der erfolgreichen Erziehung zur Stubenreinheit stehen, wollen wir zuerst die verschiedenen Aspekte dieser beiden Komponenten betrachten, bevor wir mit der eigentlichen Erziehung beginnen.

Wenn Sie einen Welpen zu sich nach Hause mitnehmen, kommt er sich dort wahrscheinlich vor wie ein kleines Kind, das Sie in ein riesiges Fußballstadion setzten und dem Sie dann sagen, das sei alles für ihn! Mit so viel Raum kann das kleine Kind sicher nichts anfangen!

Entwicklungsstufen des Hundes

Es ist wichtig zu verstehen, in welcher Entwicklungsphase sich der Welpe gerade befindet, bevor er erwachsen wird. Sollten Sie Welpenbesitzer sein, sehen Sie sich folgende Stufen der einzelnen Entwicklungsphasen des Hundes gut an. Sie können dann selbst erkennen, in welcher Phase Ihr Tibet Terrier sich gerade befindet.

Periode	Alter	Merkmale
Erster bis dritter Abschnitt	0 bis 7 Wochen	Ein Welpe benötigt Nahrung, Schlaf, Wärme und Streicheleinheiten. Die Mutterhündin sorgt für Sicherheit und Erziehung. Die Wurfgeschwister sorgen für Gesellschaft. Der Welpe lernt Rangordnung und Rudelverhalten. Dies ist die Phase der Sozialisierung mit Menschen. Der Welpe lernt seine Umgebung kennen.
Vierter Abschnitt	8 bis 12 Wochen	Das Gehirn ist nun vollständig entwickelt. Der Welpe benötigt Kontakt zur Außenwelt. Er geht eigene Wege ohne Mutter und Wurfgeschwister und sucht die Nähe zum Menschen. Die sogenannte „Angstphase“ beginnt zwischen der achten und zwölften Lebenswoche. Vermeiden Sie Angst, Schmerz und Schrecken.
Fünfter Abschnitt	13 bis 16 Wochen	Nun sollte die Erziehung und normale Gehorsamsübungen beginnen. Wenig Verbindung zu anderen Hunden, mehr zu Menschen, Orten, Situationen etc. Die Zeit vom Welpen bis zum Junghund vergeht schnell. Seien Sie stark aber fair. Manchmal auffälliger Fluchtinstinkt. Zuviel Freizügigkeit und zu strenge Erziehung können bleibenden seelischen Schaden hervorrufen. Loben Sie den Hund oft.
Sechster Abschnitt	4 bis 8 Monate	Zusätzliche „Furchtperiode“ ungefähr zwischen dem siebten und achten Monat. Diese geht schnell vorüber, Vorsicht jedoch vor schreckhaften, Angst einflößenden Eindrücken. Beginn der sexuellen Reife. Dominanz wird gefestigt. Der Hund sollte einfache Kommandos wie: „Sitz“, „Platz“, „Komm“ und „Bei Fuß“ befolgen.

Anmerkung: Dies ist nur ein ungefährer Zeitrahmen. Einzelne Unterschiede bei den Welpen sind zu berücksichtigen.

Die Goldene Regel

Die goldene Regel des Hundetrainings ist einfach - für jeden Befehl gibt es nur eine richtige Reaktion. Ein Befehl gleich eine Reaktion. Ein Befehl wird so lange geübt, bis der Hund ohne zu zögern in der gewünschten Form darauf reagiert. Wiederholen Sie die Übung, ohne dabei monoton zu werden, denn Hunde sind genauso schnell gelangweilt wie Menschen.

Bieten Sie dem Welpen lieber einen klar abgegrenzten Raum an, wo er schlafen, spielen, fressen und einfach zu Hause sein kann. Ein Platz, an dem sich auch die Familie trifft, ist die beste Wahl. Hunde sind soziale Tiere. Schon ein Welpe will sich von Beginn an zum Rudel gehörig fühlen. Es genügt ihm schon, Ihre Stimme zu hören, Sie zu sehen, während Sie Dinge erledigen, und Ihren Geruch wahrzunehmen, damit er die Bestätigung bekommt, von jetzt an zu Ihrem Rudel zu gehören. Der Gemeinschaftsraum, die Küche oder ein angeschlossener Essraum sind ideale Aufenthaltsorte auch für Ihren Welpen, an denen er sich sicher und aufgehoben fühlen kann und auch Sie ihn immer im Blick haben.
In dem ausgewählten Raum sollte ein Platz ganz allein Ihrem Welpen gehören. Dies kann sein Körbchen, seine Hundebox, ein Gitterkäfig oder ein eingezäunter Bereich (keine Bretterkiste!) sein, von wo aus er das Treiben seiner neuen Familie um sich herum beobachten kann. Die Größe dieses Bereichs, seines Körbchens oder seiner Box ist hierbei sehr wichtig. Seine private Ecke oder seine Box muss einerseits so groß sein, dass er sich problemlos hinlegen, aufrecht stehen und sitzen kann, ohne an die Decke zu stoßen, andererseits muss sie aber auch so knapp bemessen sein, dass er nicht in der einen Ecke sein Geschäft verrichten kann und sich dann zum Schlafen in die andere Ecke zurückziehen kann, ohne mit seinen Hinterlassenschaften in Berührung zu kommen. Diese Freiheit können Sie ihm erst gewähren, wenn er völlig stubenrein ist. Hunde sind von Natur sehr reinliche Tiere und würden ihren Schlafplatz nie beschmutzen, wenn sie nicht dazu gezwungen werden. Zwingt man sie aber dazu, werden sie meist ihr ganzes Leben dazu neigen, Dreck zu machen.
Am Platz des Welpen sollte neben seinem Spielzeug und ein paar Decken auch eine Schüssel mit Wasser bereit stehen.

Kontrolle

Wenn wir von Kontrolle sprechen, meinen wir damit, dass Sie Ihren Welpen an Ihren, also den Lebensstil seines menschlichen Rudels gewöhnen müssen. Genauso wie wir kleinen Kindern unsere Lebensgewohnheiten zeigen, zeigen wir auch dem Welpen, wann es Zeit ist

Übernehmen Sie die Führung

Tragen Sie Ihren Welpen nur zu seinem „Toilettenplatz", wenn es sehr eilt. Sonst führen Sie ihn an der Leine hin oder ermutigen ihn dazu, Ihnen dorthin zu folgen. Wenn Sie erst damit anfangen, ihn herumzutragen, werden Sie das sein ganzes Leben lang tun müssen und geben ihm die Genugtuung, Sie erfolgreich erzogen zu haben.

Aufrecht stehen

Beim Erteilen von Kommandos sollten Sie gerade stehen und einen autoritären Eindruck machen. Geben Sie keine Kommandos, während Sie auf dem Boden oder der Couch liegen. Wenn Sie sich beim Erteilen von Kommandos auf „allen Vieren" über den Boden bewegen, wird Ihr Hund das eher als Aufforderung zum Spielen ansehen.

zu spielen, zu essen, zu schlafen, zu trainieren oder gar sich mal mit sich selbst zu beschäftigen. Ihr Welpe sollte immer an seinem Platz schlafen. Während Sie den Haushalt erledigen, einmal außer Haus sind oder in der Wohnung gerade der Teufel los ist, zum Beispiel beim Frühstück oder wenn alle von der Arbeit oder aus der Schule kommen, sollte der Welpe lernen, sich an seinem Platz mit sich selbst zu beschäftigen. Welpen knabbern gerne. Dabei kennen sie den Unterschied zwischen einem Stromkabel, Fernsehdrähten, Schuhen oder Tischbeinen nicht. Der Biss in ein Stromkabel kann den Welpen sehr verletzen, aber wenn ein Kurzschluss entsteht, kann in der Wohnung auch ein Feuer entstehen. Wenn Ihr Welpe die Möbel angeknabbert hat, wenn Sie nach Hause kommen, werden Sie sicher ärgerlich sein. Da er aber nicht verstehen kann, dass Sie wegen der angeknabberten Möbel verärgert sind, das hat er nämlich längst vergessen, bringt er Ihren Ärger mit Ihrer Rückkehr in Verbindung. Passiert das öfter, wird er sich demnächst nicht mehr über Ihr Wiederkommen freuen. Bestrafen Sie deshalb Ihren Hund immer nur,

Übung macht den Meister!

- Trainieren Sie Ihren Hund drei- bis fünfmal täglich für einige Minuten.
- Vermeiden Sie lange Trainingszeiten, Ihr Welpe verliert schnell seine Konzentrationsfähigkeit.
- Trainieren Sie ihn nicht, wenn Sie müde, krank, ärgerlich oder in einer anderen negativen Stimmung sind. Diese negative Ausstrahlung überträgt sich auf den Hund und beeinflusst seine Leistung.

Training soll Spaß machen, kurz und vor allem ein positives Erlebnis sein. Beenden Sie jedes Training mit einer Übung, die der Hund gut kennt, und einem ausgiebigen Lob. So helfen Sie Ihrem Hund dabei, am Training genauso viel Freude zu haben wie Sie.

Wie oft am Tag?

Alter	täglich
bis 14 Wochen	etwa 10 mal
14 bis 22 Wochen	etwa 8 mal
22 bis 32 Wochen	etwa 6 mal
ausgewachsen	etwa 4 mal

Dies sind natürlich nur Richtwerte. Jedoch sollten Sie Ihrem Hund mindestens so häufig wie angegeben die Möglichkeit geben sich zu erleichtern und diese Werte keinesfalls unterschreiten.

wenn Sie ihn auf frischer Tat ertappen! Auch eine Party oder ähnlich aufregende Ereignisse können für Ihren Welpen sehr spannend sein, wenn er sie aus der Sicherheit seines abgetrennten Platzes heraus beobachten kann. Er ist zwar mittendrin, kann aber nicht getreten werden und wird nicht mit allerlei ungeeigneten Häppchen gefüttert, von denen er nur Bauchschmerzen bekommt.

Der Tagesablauf

Sie sollten Ihrem Welpen immer dann die Möglichkeit geben nach draußen zu gehen, wenn er sich von seinem Lager erhebt, nach den Mahlzeiten, nach den Spielstunden und wenn er morgens aus dem Schlaf erwacht, was bei jungen Welpen durchaus auch einmal um fünf Uhr in der Frühe sein kann! Ihr Welpe zeigt Ihnen glücklicherweise an, wenn er einmal muss, indem er kleine Kreise dreht und äußerst interessiert überall her-

Eine saubere Sache

Wenn Sie Ihrem Hund einen eigenen Schlaf- und Aufenthaltsplatz einrichten und ihm zudem noch häufig die Möglichkeit geben, seine Geschäfte draußen zu verrichten, wird der Welpe schnell lernen, dass draußen der richtige Platz ist, um sich zu lösen. Jeder Hund hat den instinktiven Wunsch, seinen eigenen Schlaf- und Aufenthaltsplatz nicht zu beschmutzen. Das häufige Lösen hilft auch der Entwicklung der Schließmuskeln und bald schon werden Sie einen stubenreinen Hund haben, der sich immer seltener zwischen den Spaziergängen lösen muss.

Die Erfolgsmethode

Erfolg, der sich zufällig einstellt, ist normalerweise von kurzer Dauer. Erfolg auf der Basis von erprobten Methoden ist häufig einfacher erreicht und anhaltend. Die Erfolgsmethode ist die, mit der Ihr Hund am besten lernt. Dabei gibt es verschiedene Wege, die alle seit langem erprobt und verbessert werden und es liegt an Ihnen, den besten für sich und Ihren Hund herauszufinden.

umschnüffelt - interpretieren Sie diese Anzeichen nicht falsch! Für einen nicht einmal zehn Wochen alten Welpen ist es sehr wichtig, dass Sie mit ihm auf jeden Fall stündlich nach draußen gehen. Wenn Ihr Hund erstmal älter wird, kann er auch mal eine Längere Zeit aushalten, ohne sich lösen zu müssen.

Wählen Sie keinen zu langen Weg zu seinem Löseplatz. Bleiben Sie dort nicht länger als fünf bis sechs Minuten und kehren Sie dann um. Wenn er sich in dieser Zeit gelöst hat, loben Sie ihn über alle Maßen und gehen mit ihm zurück in die Wohnung.

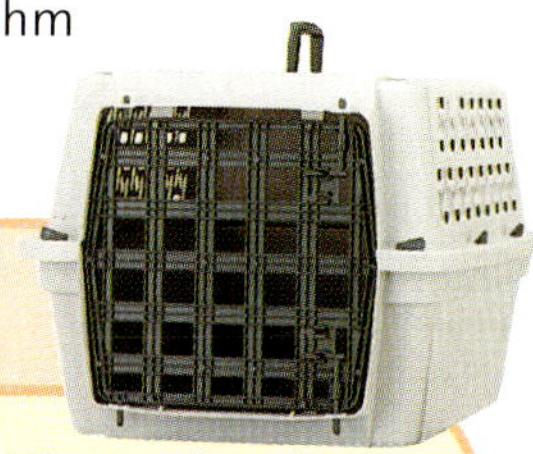

Training mit der Hundebox

1. Sagen Sie „Geh in die Box" oder etwas Ähnliches zu Ihrem Welpen und setzen Sie ihn mit einem kleinen Häppchen in seine Box. Lassen Sie ihn dort für fünf Minuten, während Sie im selben Raum bleiben. Anschließend lassen Sie ihn heraus und loben ihn überschwänglich. Lassen Sie ihn jedoch nie heraus, während er winselt. Warten Sie in diesem Fall so lange, bis er ruhig ist und lassen ihn dann heraus.
2. Wiederholen Sie den ersten Schritt einige Zeit lang täglich.
3. Nach ein paar Tagen verfahren Sie genauso. Lassen Sie ihn jetzt aber zehn Minuten in der Box. Wiederholen Sie das einige Male.
4. Fahren Sie fort, die Zeit in fünf-Minuten-Schritten so weit auszudehnen, bis der Welpe dreißig Minuten in seiner Box bleibt, während Sie im selben Zimmer sind. War er länger in der Box, sollten Sie ihn anschließend gleich nach draußen bringen, damit er sich lösen kann.
5. Gehen Sie zurück zu Schritt eins und lassen Sie den Hund fünf Minuten in der Box, während Sie das Zimmer verlassen.
6. Steigern Sie nun wieder wie oben beschrieben die Dauer in fünf-Minuten-Schritten, während Sie nicht im Zimmer sind. Bleibt der Welpe problemlos dreißig Minuten in seiner Box (vielleicht schläft er sogar ein!), ist er so weit, dass er, falls mal nötig, auch ein paar Stunden in seiner Box verbringen kann.

In sechs Schritten an das Alleinsein gewöhnt

Bitte Spielen einplanen!

Welpen sollten regelmäßige Zeiten haben, zu denen Sie nach draußen gehen oder gespielt wird. Für einen Welpen reicht ein kurzer Spaziergang völlig aus. Als Spiele eignen sich Fangenspiele mit einem großen Ball oder einem Kauspielzeug (alle zahnenden Welpen kauen gerne auf etwas Weichem herum). Spielen Sie im Haus nur in den Zimmern mit ihm, in denen er sich auch sonst aufhalten darf, solange er noch nicht stubenrein ist.

Wenn er draußen nicht gemacht hat, ihm dann aber drinnen ein „Unfall" passiert, nehmen Sie ihn und sagen gleich „Nein, nein, nein!" und kehren mit ihm an den Löseplatz zurück. Warten Sie einige Minuten und kehren dann zurück. Schlagen Sie Ihren Hund niemals oder halten seinen Fang in seinen Urin oder seine Exkremente, wenn ein „Unfall" passiert ist!

Wenn Sie dann wieder zurück sind, muss der Welpe an seinem Platz bleiben, bis Sie das Missgeschick beseitigt haben. Lassen Sie ihn dann wieder frei herumlaufen, aber beobachten Sie ihn besser als zuvor. Wahrscheinlich kam es nur zu dem „Unfall", weil Sie seine Signale übersehen oder zu lange gewartet haben, bevor Sie mit ihm nach draußen gegangen sind. Seien Sie ihm wegen seines Missgeschicks niemals böse.

Bringen Sie Ihrem Welpen bei, dass er sein Geschäft machen soll, wenn Sie mit ihm nach draußen gehen und dies keine Zeit zum Spielen ist. Wenn er das einmal gelernt hat, kann er sowohl drinnen als auch draußen spielen, weiß aber trotzdem, dass er nur draußen sein Geschäft machen darf.

„Nein" bleibt „Nein"

Hunde verstehen die menschliche Sprache nicht. Sie sind jedoch in der Lage, Worte an ihrem unterschiedlichen Klang und Tonfall zu unterscheiden. Deshalb ist bei der Erziehung nicht nur das Wort, sondern auch die Betonung wichtig. Wenn Sie das „Nein" in einem sanften und freundlichen Ton aussprechen, erhält es eine völlig andere Bedeutung, als wenn Sie es in einem strengen Ton und mit erhobener Stimme sagen. Bei einem Tadel sollten Sie das „Nein" stets ohne den Namen des Hundes verwenden.

Helfen Sie Ihrem Hund dabei, einen Rhythmus zu entwickeln, wann er sich an seinen Platz zurückzieht und sich dort mit sich selbst beschäftigt, einfach faul herumliegt oder schläft. Bringen Sie ihm bei, wie er sich auch prima allein beschäftigen kann. Zeigen Sie ihm, dass es angenehm ist, wenn Sie bei ihm sind, sich aber nicht die ganze Zeit ausschließlich mit ihm beschäftigen können.

Benutzen Sie immer das gleiche Kommando, wenn Sie Ihren Welpen zu seinem Platz schicken. Schon bald wird er seinen Platz auf Ihr Kommando hin aufsuchen. Die Erziehung mit seinem festen Platz bedeutet für Sie, Ihren Haushalt und Ihren Welpen Sicherheit. Ihr Welpe fühlt sich geschützt, dadurch erwirbt Ihr Welpe mehr Selbstbewusstsein und klare Gewohnheiten.

Erinnern Sie sich, dass die Kontrolle eine der Hauptzutaten der Erziehung ist. Unabhängig von Ihrem Lebensstil werden Sie sich häufiger einen Platz wünschen, an dem Ihr Welpe oder später auch Ihr erwachsener Hund glücklich, sicher und gut aufgehoben ist. Sein eigener Platz ist der Schlüssel für eine glückliche Zukunft. In Amerika und anderen Ländern ist der eigene Platz immer häufiger eine Hundebox oder ein Käfig. Auch wenn man der Käfighaltung in Deutschland noch mit einiger Skepsis gegenüber steht, hat diese durchaus ihre Vorteile. Da der Käfig immer offen steht, erfüllt er die Funktion des so beliebten Körbchens. Es ist allerdings in Situationen, in denen Ihr Hund einmal nicht frei herumlaufen soll, sicherer, ihn in einen verschließbaren Käfig zu bringen, an den er sich bereits gewöhnt hat, als in sein offenes Körbchen. Keinesfalls darf ein Hund aus Bequemlichkeit, zur Strafe oder über längere Zeit in seiner Box eingesperrt werden.

Erfolgreiches Training

Wenn Sie Ihren Hund erfolgreich trainieren wollen, müssen Sie sich selbst an die folgenden Regeln halten:

1. Entwickeln Sie ein Verständnis dafür, wie Ihr Hund denkt.
2. Machen Sie Ihren Hund nicht für eine mangelnde Kommunikation verantwortlich.
3. Lernen Sie die Persönlichkeit Ihres Hundes kennen und handeln Sie danach.
4. Seien Sie geduldig und konsequent.

Immer mit der Ruhe

Trainieren Sie Ihren Hund niemals, wenn Sie verärgert oder in schlechter Stimmung sind. Hunde reagieren insbesondere auf Ärger äußerst sensibel und bringen Ihre schlechte Laune mit dem gemeinsamen Training in Verbindung. Dadurch wird das Training zu einer negativen Erfahrung und löst Widerwillen oder sogar Angst aus.

Disziplin, Belohnung und Bestrafung

Diszipliniert sein bedeutet, sich nach bestehenden Regeln zu richten. Das Zusammenleben erhält so eine Ordnung. Das ist so einfach, wie es sich anhört. Disziplinlosigkeit kann besonders in einer sozialen Gemeinschaft zu Spannungen und zum Untergang der Gruppe führen. Menschen und Hunde sind soziale Lebewesen, die eine gewisse Disziplin brauchen, damit das Zusammenleben reibungslos funktioniert. So müssen einige Mitglieder das Futter beschaffen, das Lager bewachen, andere kümmern sich um den Nachwuchs. Wenn es diese Disziplin innerhalb einer sozialen Lebensgemeinschaft nicht gäbe, würde sich Hunger breit machen und die Gruppe könnte stärkeren Tieren als Beute zum Opfer fallen.

Für unsere domestizierten Hunde bedeutet dies heute, dass sie sich an ihre Rolle und ihren Rang in ihrem menschlichen Rudel gewöhnen müssen und Sie ihnen ihren Platz zuweisen müssen.

In Amerika wurde vor kurzem eine Umfrage in einem dicht besiedelten Wohngebiet durchgeführt, bei dem Hundebesitzer befragt wurden, wie zufrieden sie mit ihrem Verhältnis zu ihren Hunden sind. Das Ergebnis war eindeutig. Halter, die ihre Hunde gut erzogen hatten, waren zu 75 Prozent zufriedener mit dem Zusammenleben als Besitzer, die ihre Hunde niemals erzogen hatten.

Dr. Edward Thorndike, ein Psychologe, veröffentlichte „*Thorndike´s Theory of Learning*", die besagt, dass man dazu neigt, ein Verhalten, das zu einem positiven Ergebnis führt, zu wiederholen. Ein Verhalten, das unangenehm endet, wird hingegen eher nicht mehr wiederholt. Auf dieser Theorie basieren heute die Trainigsmethoden, die mit positiver Verstärkung arbeiten. Wenn Sie also Ihren Hund für ein richtiges Verhalten loben und belohnen, wird er dieses Verhalten wiederholen, weil es für ihn zu einem angenehmen Ergebnis führt, der Belohnung und Ihrem Lob.

Manchmal ist auch ein Tadel für unangebrachtes Verhalten notwendig. Dabei ist es das Beste, wenn die Bestrafung direkt mit dem Vergehen im Zusammenhang steht oder sogar eine direkte Folge des Vergehens ist. Ein gutes Beispiel ist Ihr Kind, dem Sie sagen, es soll den Ofen nicht anfassen, da es sich daran

Seien Sie offen

Hunde unterscheiden sich voneinander ebenso stark wie Menschen. Was bei einem Hund Erfolg hat, muss nicht bei jedem erfolgreich sein. Seien Sie aufgeschlossen, testen sie verschiedene Trainingsmethoden.

Angst und Aggression

Welpen, die mit körperlicher Gewalt erzogen werden, sind als erwachsene Hunde oft verhaltensauffällig. Ein häufiges Problem ist Angst, die in Aggression endet. Der Hund wird wütend, fletscht seine Zähne, knurrt und beißt schließlich denjenigen, von dem er sich bedroht fühlt. Angenommen Ihre Tochter spielt eines Nachmittags mit dem Hund. Während sie spielen, drängt sie den Hund in eine Ecke und als sie versucht den Hund zu streicheln, beißt er in ihre Hand. Hat Ihre Tochter den Hund jemals zuvor geschlagen? Hat jemand, der Ihrer Tochter ähnlich sieht, jemals den Hund angeschrien oder geschlagen? Glücklicherweise ist diese Art der Aggression recht leicht zu korrigieren. Bringen Sie Ihre Tochter nur in angenehmen Momenten mit dem Hund zusammen. Lassen Sie Ihre Tochter den Hund füttern oder streicheln. Sie sollte den Hund nicht kommandieren oder bestrafen. Falls der Hund sie immer noch anknurrt oder sich abduckt, sollte jemand anderes die beiden begleiten. Im Laufe einer Woche sollte der Hund so viele gute Erfahrungen mit Ihrer Tochter gemacht haben, dass er Vertrauen zu ihr fasst.

verbrennen wird. Wenn Ihr Kind den Ofen doch anfasst, verbrennt es sich. Von nun an wird es wohl mehr Respekt vor dem Ofen haben und ihn nicht so schnell wieder berühren. Ein bestimmtes Verhalten hat zu einer negativen Erfahrung geführt und wird künftig vermieden.

Ihr Hund könnte eine ähnliche Erfahrung machen, wenn er die Hauskatze trotz wiederholter Ermahnung jagt. Eines Tages wird sich die Katze mit einiger Sicherheit umdrehen und ihm ihre Krallen schmerzhaft über das Gesicht schlagen. Diese Schmerzen wird er sich merken und die Katze zukünftig nicht mehr jagen – im schlimmeren Fall wird er allerdings zum Katzenhasser. Besser ist es, die Jagd frühzeitig zu unterbinden.

Trainingszubehör

Halsband und Leine

Das Halsband und die Leine, die Sie für das Training mit Ihrem Tibet Terrier kaufen, sollten leicht anzulegen, nicht zu schwer und sicher sein.

Belohnungen

Haben SIe immer ein paar kleine Leckerlis in der Tasche. Sie sollten nahrhaft und leicht zu kauen sein. Nehmen Sie lieber ein Stückchen Käse oder gekochtes Hühnerfleisch anstelle eines trockenen Hundekuchens. Bis Ihr Hund den trockenen Hundekuchen aufgefressen hat, vergeht zuviel wertvolle Trainingszeit. Es ist nicht richtig, dass das Verfüttern von Leckerlis dazu führt, dass Ihr Hund am Tisch bettelt - der einzige Weg, Ihren Hund zum Betteln am Tisch zu erziehen, ist der, ihn auch am Tisch zu füttern. Bei der Erziehung helfen dem Hund die kleinen Leckerlis dabei, sich seines Lobes bewusst zu werden. Sie steigern seine Lernbereitschaft, da er merkt, dass er Ihnen mit seinem Verhalten eine Freude bereitet.

Eine helfende Pfote

Vielleicht ist Ihr Hund nicht die nächste Lassie, aber jeder Hund kann ein paar Tricks lernen. Lernen Sie sein Talent kennen und fördern Sie es. Ist Ihr Hund immer fröhlich? Bringen Sie ihm auf Kommando bei mit dem Schwanz zu wedeln und Ihnen die Pfote zu geben! Echten Haushunden können Sie beibringen, die Zeitung zu holen oder die Schmutzwäsche zur Waschmaschine zu tragen.

Das Training kann beginnen

Um Ihrem Hund etwas beibringen zu können, müssen Sie zunächst seine Aufmerksamkeit haben. Stellen Sie ihm zu Trainingsbeginn eine Frage, damit er Sie anschaut und mit seinen Gedanken bei Ihnen ist.

Stellen Sie ihm einfach die Frage „Training?“ und gehen dann sofort zu ihm, um ihm eine Belohnung zu geben und zu sagen „Guter Hund“. Nach zwei oder drei Minuten wiederholen Sie das Ganze, gehen aber nicht mehr bis zu ihm hin, sondern bleiben ein paar Schritte entfernt von ihm stehen. Zeigen Sie ihm das Leckerli und fragen wieder „Training?“ Wenn er Sie mit der Belohnung in der Hand dort stehen sieht, wird er höchst wahrscheinlich von selbst zu Ihnen kommen. Wenn er bei Ihnen ist, geben Sie ihm die Belohnung und loben ihn ausgiebig.

Wenn Sie die Frage das nächste Mal stellen, haben Sie wieder eine Belohnung in der Hand. Gehen Sie aber nur einen Schritt auf Ihren Hund zu, damit er fast den ganzen Weg alleine zu Ihnen kommen muss. Wenn er bei Ihnen ist, geben Sie ihm die Belohnung und loben ihn.

Ihr Hund bekommt jetzt wahrscheinlich schon eine Ahnung, dass es sich für ihn lohnt, wenn er Ihnen seine Aufmerksamkeit schenkt. Er wird belohnt und es warten einige nette Aktivitäten auf ihn. Er wird lernen, dass „Training“ bedeutet, Sie haben ein paar ganz spannende Sachen mit ihm vor, die ihm und Ihnen Spaß machen werden und die für ihn meistens eine kleine Belohnung mit sich bringen.

Holen Sie sich ins Bewusstsein, dass Ihr Hund die Worte, die Sie sagen, nicht versteht; er erkennt den Sinn nur am Klang Ihrer Stimme. Wenn Sie ihm eine Frage stellen oder ein Kommando geben, so ist dies für ihn eine Abfolge von Klängen, die er interpretiert und daraufhin das anerzogene Verhalten zeigt. Wenn er das macht, haben sie wirklich erreicht, as Sie wollten, und er hat sich seine Belohnung verdient.

Die Grundkommandos

Das „Sitz“

Wenn Sie die Aufmerksamkeit Ihres Hundes haben, nehmen Sie ihn an die Leine, halten Sie diese in der linken Hand und nehmen Sie in die rechte eine kleine Belohnung. Zeigen Sie Ihrem Hund die Belohnung, lassen ihn ruhig einmal daran schnuppern und lecken, geben sie ihm aber noch nicht. Sagen Sie nun „Sitz!“ und erheben Sie Ihre Hand mit der Belohnung langsam von seiner Nase über seinen Kopf, so dass er in den Himmel schauen muss, wenn er Ihre Hand mit den Augen verfolgen will. Wenn er so nach oben schaut, muss er in die Knie gehen, damit er seine Balance halten kann. In dem Moment nimmt er automatisch die Sitz-Position ein. Jetzt können Sie ihm die Belohnung geben und ihn überschwänglich mit „Guter Hund", „Feiner Hund" oder was Ihnen auch immer einfällt loben. Seien Sie mit Ihrem Lob nicht sparsam, denn Ihr Hund liebt Ihre Anerkennung und es macht ihn so stolz auf sich selbst, wenn er etwas richtig gemacht hat.

Sie werden Ihrem Hund nicht auf immer und ewig für jedes richtige Verhalten eine Leckerei geben wollen. Futterbelohnungen werden verstärkt eingesetzt, wenn neue Kommandos geübt werden, da dies den Trainingserfolg zunächst sehr unterstützt. Reagiert Ihr Hund aber entsprechend richtig auf neue Kommandos, werden Sie die Leckerlis wegfallen lassen, sollten ihn aber weiterhin überschwänglich loben. Schließlich haben Sie nicht immer eine Leckerei, aber immer Ihre Stimme bei sich!

Das „Platz"

Ihrem Hund das „Platz" beizubringen ist einfach, wenn Sie verstehen, wie Ihr Hund diese Position wahrnimmt, es wird jedoch sehr schwierig, wenn Sie das nicht verstehen. Das „Platz" ist für Hunde eine sehr unterwürfige Position. Wenn Sie versuchen, Ihrem Hund dieses Kommando unter großem Zwang beizubringen, kann es darin enden, dass Ihr Hund eine derart große Angst vor dem Befehl „Platz" entwickelt, dass er lieber davonläuft oder sogar nach der Person schnappt, wenn er das Kommando hört. Um Ihrem Hund das „Platz" anzutrainieren, lassen Sie ihn sich neben Ihre linke Seite setzen, sein Blick in die gleiche Richtung wie Ihrer. Nehmen Sie die Leine in Ihre linke Hand, die Belohnung in die rechte. Legen Sie nun Ihre linke Hand auf den Rücken Ihres Hundes an die Stelle, an der sich die Schultern treffen. Legen Sie Ihre Hand nur dorthin, üben Sie keinerlei Druck aus. Die Hand liegt dort nur als Führungsschiene, damit sich Ihr Hund nachher wirklich direkt neben Sie legt und keinen Schwung zur Seite macht, wenn er sich fallen lässt.

Jetzt zeigen Sie Ihrem Hund die Belohnung und halten sie vor seine Nase.

Doppelte Fahrlässigkeit

Ein Hund, der sich bedroht fühlt, legt sich niemals hin. Er bleibt instinktiv stehen, denn er muss vielleicht weglaufen oder um sein Überleben kämpfen. Aus diesem Grund wird sich ein ängstlicher oder bedrohter Hund nicht hinlegen. Es ist wichtig, dass Ihr Hund beim Erlernen des Kommandos „Platz" ruhig und entspannt ist.

Wenn erstmal alle Kommandos auf Anhieb sitzen, können Sie auch den Schritt in den Ausstellungsring wagen. Vielleicht gewinnen Sie mit Ihrem Tibet Terrier ja schon bald eine Auszeichnung oder werden sogar Ausstellungssieger!

Bring´s her!

Spielen Sie mit Ihrem Welpen in einem abgeschlossenen Bereich das „Hol- und Bringspiel“, so lernt er, sein Spielzeug zu holen und zu Ihnen zu bringen. Verwenden Sie zu diesem Zweck nur dafür geeignetes Spielzeug, also niemals einen Schuh, eine Socke oder andere Gegenstände, die den Hund irritieren und die er dann als Spielzeuge ansieht.

Sagen Sie sehr ruhig, fast flüsternd „Platz!“ und gehen mit der Belohnung langsam herunter bis zu den Vorderpfoten. Wenn Sie mit der Belohnung am Boden angekommen sind, bewegen Sie sie langsam von Ihren Hund fort. Reden Sie weiter ruhig mit Ihrem Hund und wiederholen Sie das Kommando „Platz!“ mehrmals. Ihre Stimme beruhigt Ihren Hund während er Ihrer Hand folgt, um an die Belohnung zu kommen. Sie können auch ein paar andere nette Sachen sagen, um Ihren Hund weiter zu beruhigen, wie beispielsweise „Guter Hund“. Wichtig ist, dass das eigentliche Kommando „Platz“ nicht im Wortschwall der Beruhigungen untergeht.
Wenn der Hund mit seinen Ellbogen den Boden berührt, geben Sie ihm die Belohnung und loben ihn sanft. Streicheln Sie seinen Rücken, um ihn einige Zeit in dieser Position zu halten. Der Schlüssel zum Erfolg dieser Übung ist, dass der Hund keine Angst hat und sich beim „Platz“ nicht bedroht fühlt.

Das „Bleib“

Es ist relativ einfach dem Hund beizubringen in der Sitz- oder Platz-Position zu bleiben. Wieder arbeiten wir beim Training mit Futterbelohnungen und ausgiebigem Lob, damit der Hund möglichst schnell versteht, was wir genau von ihm erwarten.
Um Ihrem Hund das „Sitz und bleib“ beizubringen, lassen Sie ihn sich zu Ihrer linken Seite setzen und halten die Leine in der linken Hand. Halten Sie in Ihrer rechten Hand eine Belohnung, die Sie dem Hund zeigen und an der Sie ihn schnuppern lassen. Sagen Sie nun „Bleib“, gehen mit Ihrem rechten Fuß einen Schritt vor und machen eine kleine Drehung. Sie stehen nun Zehenspitze an Pfotenspitze mit ihm, während er noch an der Belohnung leckt und schnuppert. Damit er in der Sitz-Position bleibt, halten Sie die Belohnung weiterhin hoch. Zählen Sie bis fünf und stellen sich wieder neben Ihren Hund.

Konsequenz zahlt sich aus

Hunde brauchen einen festen Fütterungs- und Trainingsplan, regelmäßige Spaziergänge und einheitliche Kommandos. Wenn Sie am Montag sagen „Bleib“ und am Dienstag „Bleib bitte hier“, wird das Ihren Hund nur verwirren. Erwarten Sie kein perfektes Verhalten während der Übungsstunden, wenn Sie ihn dann den Rest des Tages wild durch die Wohnung rasen lassen. Loben Sie Ihren Hund über alle Maßen, wenn er etwas richtig macht. Je mehr er merkt, dass er Ihnen Freude bereitet, desto bereitwilliger lernt er auch.

Wussten Sie schon?
Wenn Sie andere Haustiere haben oder häufig mit den Haustieren Ihrer Freunde oder anderer Familienmitglieder in Kontakt kommen, wird Ihr Welpe in gleicher Weise wie Sie auf diese Tiere reagieren. Nur wenn Sie anderen Tieren gegenüber Ablehnung oder Angst zeigen, wird auch Ihr Welpe ängstlich oder unfreundlich reagieren.

Wenn Sie wieder neben ihm stehen, geben Sie ihm die Belohnung und loben ihn ausgiebig.
Um ihm das „Platz und bleib" beizubringen, starten Sie mit der Platz-Position. Sobald Ihr die Position eingenommen hat sagen Sie „Bleib" und gehen den Schritt vor, genau wie beim „Sitz und bleib". Zählen Sie wieder bis fünf, gehen zurück und geben ihm die Belohnung mit vielen lobenden Worten.
Innerhalb von nur einer Woche oder zehn Tagen können Sie die Abstände immer weiter vergrößern, wenn Sie den Schritt oder die Schritte von ihm weg machen. Während Sie sich von Ihrem Hund entfernen, halten Sie ihm die linke Hand offen mit der Handfläche entgegen, um den Bleib-Befehl zu unterstreichen. Genau das Zeichen nutzten Sie auch, wenn Sie jemanden anhalten möchten. Haben Sie anfangs immer eine Belohnung in Ihrer rechten Hand, die Sie dem Hund nun aber nicht mehr unter die Nase halten. Er sieht die Belohnung und wird lernen, dass er sie bekommt, sobald Sie zu ihm zurückgekommen sind - er muss sie sich nicht selbst holen, sondern kann abwarten!

Wenn Sie es schaffen, für dreißig Sekunden in einem Meter Entfernung von Ihrem Hund zu stehen, können Sie Entfernung und Dauer gleichzeitig erhöhen. Ihr Hund wird immer länger in der befohlenen Position bleiben. Das Ziel ist es, dass Ihr Hund die Position erst aufgibt, wenn Sie ihm ein neues Kommando geben, ihn beispielsweise zu sich rufen. Loben Sie immer, wenn er wieder bei Ihnen ist!

Das „Komm"
Wenn Sie Ihrem Hund das Kommando „Komm" möglichst aufregend beibringen, sollte Ihr Schüler diesen Befehl schnell lernen und immer seinen Spaß daran haben.

Sicherheit zuerst
Auch wenn es manchmal so scheint, als hätte Ihr Hund nichts Wichtigeres im Sinn als zu fressen, zu schlafen und Ihre Möbel zu zerknabbern, denkt er vor allem an seine Sicherheit. Unsere Begleiter sind die Nachkommen domestizierter Wölfe. Sie haben immer noch das gleiche Rudelverhalten wie ihre frei lebenden Ahnen vor tausenden von Jahren. Ihr Hund möchte sich sicher fühlen, indem er weiß, dass dem Rudel ein starker Rudelführer voransteht. Sie müssen Ihrem Welpen schon sehr früh beweisen, dass Sie dieser Rolle gewachsen sind. Wenn Sie das schaffen, wird Ihnen Ihr Hund auch vertrauen, Ihren Kommandos folgen, ohne sie in Frage zu stellen, und sich sicher sein, dass ihm in Ihrer Gegenwart kein Leid zugefügt wird.

„Komm!“

Auch wenn Sie Ihren Hund rufen , verwenden Sie immer das gleiche Kommando. Solange sich Ihr Hund auf der Suche nach Ihnen befindet, können Sie im lockenden Ton mit ihm sprechen. Wiederholen Sie das Kommando, so dass sich der Hund an den Klang dieses Befehls gewöhnt und ihn auch in Zukunft befolgt. Kurze, ein- oder zweisilbige Kommandos lernt Ihr Hund schneller als lange.

Die Momente, in denen es wirklich wichtig ist, dass Ihr Hund zu Ihnen kommt, sind oft recht aufregend. Diese Aufregung kommt dann auch in Ihrer Stimme zum Ausdruck, wenn Sie Ihren Hund rufen. Wenn Ihr Hund diese Verzweiflung in Ihrer Stimme hört, hat er vielleicht Angst vor dem, was ihn bei Ihnen erwarten könnte, hört nicht auf Ihr Kommando und rennt möglicherweise davon.
Das Komm-Kommando bringen Sie Ihrem Hund am besten als Spiel bei. Jedes Mal, wenn Sie wollen, dass Ihr Hund zu Ihnen kommt, spielen Sie einfach dieses Spiel. Dies ist eine hundert prozentige Lösung!
Um mit dem Spiel anzufangen, sollten möglichst viele Familienangehörige oder Menschen, die Ihr Hund gut kennt und zu denen er Vertrauen hat, beisammen sein. Verteilen Sie sich auf verschiedene Räume in der Wohnung und beginnen sie, den Hund reihum mit seinem Namen und dem Befehl „Komm“ zu rufen. Wenn der Hund die Person, die gerufen hat, findet, bekommt er seine Belohnung und wird ausgiebig gelobt.

Nach nur wenigen Durchläufen dieses „Wo bist du?“-Spiels hat Ihr Hund verstanden, dass anscheinend alle mit ihm dieses Spiel spielen und auf ihn eine Belohnung und jede Menge Lob warten, wenn er zu der Person gelaufen kommt, die ihn ruft. Wenn er erstmal angefangen hat, dieses Spiel richtig zu lieben, rufen Sie doch einfach mal „Wo bist du?“ Er wird bestimmt bald von überall her zu Ihnen gerannt kommen, wenn er diese weltbewegende Frage hört.
Das Komm-Kommando ist eines der wichtigsten Dinge, die Sie Ihrem Hund beibringen müssen. Es scheint aber so, und das berichten auch erfahrene Hundetrainer, dass Ihr Hund ganz instinktiv zu Ihnen kommt, wenn nach ihm gerufen wird, auch wenn Sie dies nie wirklich mit ihm trainiert haben. Viele Hunde scheinen allein auf das Rufen Ihres Namens oder die Stimme Ihres Halters zu reagieren und zu ihm zu kommen. So konnte eine Dame von ihrem zwölfjährigen Hund, der inzwischen erblindet war, berichten, dass er sie immer gefunden hat, wenn Sie nur „Wo bist du?“ gefragt hat.

Komm! ... lieber nicht

Rufen Sie Ihren Hund niemals mit dem Kommando „Komm“, wenn er etwas angestellt hat und Sie ihn bestrafen wollen. Das ist der schnellste Weg, aus dem erlernten „Komm“-Kommando ein „Lauf schnell weg“ zu machen. Der Hund wird die erfolgte Bestrafung mit dem Befehl „Komm“in Verbindung bringen, nicht mit seiner begangenen Missetat.

Bei Fuß!
Bevor Sie das Kommando „Bei Fuß“ oder einfach nur „Fuß“ mit Ihrem Hund ohne Leine üben, seien Sie sich zuerst sicher, dass er es mit Leine perfekt befolgt. Die ersten Versuche ohne Leine sollten Sie auf jeden Fall in einem eingezäunten Gebiet machen, falls Ihr Hund doch weglaufen sollte.

Besonders Kinder lieben dieses Spiel mit ihrem Hund. Sie können sich an Orten verstecken, für die Erwachsene viel zu groß sind, wie unter dem Bett oder hinter der Couch. Der Hund muss sich dann schon etwas mehr anstrengen, um das Kind zu finden. Die Freude ist dann aber umso größer, wenn die beiden wieder zusammen herumtoben können und der Hund seine Belohnung bekommt.

Das „Fuß“

„Bei Fuß“ oder einfach „Fuß“ bedeutet, dass Ihr Hund neben Ihnen her läuft, ohne an der Leine zu ziehen. Das Training dieses Kommandos erfordert schon etwas Geduld von Ihnen.Dabei müssen Sie Ihrem Hund klar machen, dass Sie nicht weitergehen werden, solange er an der Leine zieht. Dieses Verhalten ist von Ihnen auf keinen Fall zu tolerieren.
Beginnen Sie, indem Sie die Leine in die linke Hand nehmen, während der Hund an Ihrer linken Seite sitzt. Nehmen Sie nun das Ende der Leine in Ihre rechte Hand und haltenSie mit der linken Hand die Leine nahe am Halsband des Hundes fest, so dass er nahe bei Ihnen bleibt. Sagen Sie nun „Bei Fuß“ oder „Fuß“ und gehen Sie mit Ihrem linken Fuß einen Schritt vor. Halten Sie Ihren Hund weiter dicht bei sich und gehen Sie drei weitere Schritte vor. Halten Sie nun an und lassen Sie den Hund sich neben Ihnen setzen. Loben Sie ihn, aber berühren Sie ihn nicht. Warten Sie einen Moment, geben Sie erneut das Kommando „Fuß“ und gehen wieder drei Schritte, um dann wieder zu stoppen und den Hund zu loben. Sie müssen erreichen, dass Ihr Hund diese drei Schritte neben Ihnen herläuft,

ohne an der Leine zu ziehen. Wenn er diese drei Schritte ruhig neben Ihnen herläuft, können Sie die Zahl der Schritte auf fünf, dann auf zehn und immer so weiter erhöhen. Das machen Sie solange weiter, bis Ihr Hund jede Strecke neben Ihnen läuft, ohne an der Leine zu ziehen. Wenn die Übungen zum Fuß-Kommando vorbei sind, zeigen Sie dies Ihrem Hund, indem Sie nochmals ausgiebig loben und sagen „Guter Hund, fein hast du das gemacht." Jetzt kann der Hund sich wieder frei bewegen und nach den Übungen ausspannen und herumtoben. Es gibt Hunde, die scheinen mit dem Zerren an der Leine gar nicht aufhören zu können. Haben Sie es mit solch einem Hund zu tun, ziehen Sie einfach die Bremsen an und bewegen sich keinen Schritt mehr vor, solange der Hund weiter zerrt. Ihr Hund wird dann schon bemerken, dass Sie beide überhaupt nirgends mehr hingehen, solange nicht ruhig neben Ihnen stehen bleibt. Er muss lernen, sich an Ihr Tempo zu gewöhnen, nicht umgekehrt. Sie werden manchmal einige Zeit dort stehen müssen, um Ihren Hund davon zu überzeugen, dass Sie das Sagen haben und bestimmen, wie schnell sie gehen und in welche Richtung der Spaziergang führen wird.

Jedes Mal, wenn der Hund sich nach Ihnen umdreht und etwas langsamer läuft, damit die Leine zwischen Ihnen nicht spannt, loben Sie ihn ruhig und sagen „Guter Hund, Fuß!" Früher oder später wird auch der ungeduldigste Hund lernen, entspannt neben Ihnen herzulaufen. Am Anfang sollten Sie die Trainingseinheiten möglichst kurz halten und immer positiv beenden.

Sie werden merken, dass Ihr Hund immer längere Strecken neben Ihnen herlaufen wird und immer weniger an der Leine zerrt. Denken Sie immer daran, dem Hund genügend Zeit zum toben und „Hund-Sein" zu geben. Spielen Sie nach jeder Trainingseinheit ausgiebig mit ihm als Belohnung. Das Training muss für ihn immer eine positive Erfahrung sein. Nur so erreichen Sie, dass er gerne mit Ihnen übt.

Trainings-Tipp

Wenn Sie mit Ihrem Hund an der Leine herumlaufen und er plötzlich vor Ihnen stehen bleibt und Ihnen in die Augen sieht, reagieren Sie gar nicht darauf, sondern laufen einfach weiter.

Lust auf Seilziehen?

Wenn Sie das „Fuß“-Training mit langen Spaziergängen beginnen und Ihrem Hund erlauben, ständig an der Leine zu ziehen, wird er dies als normal ansehen. Wenn Sie ständig an der Leine ziehen, um ihn zu korrigieren, wird er das als Ansporn nehmen, um noch kräftiger dagegenzuhalten.

Abgewöhnen der Futterbelohnungen

Futter wird in der Erziehung oft als Belohnung eingesetzt, wenn dem Hund neue Kommandos beigebracht werden sollen. Wenn der Hund das neue Kommando beherrscht, sollten Sie damit beginnen, ihm die Futterbelohnungen abzugewöhnen. Zunächst haben Sie ihm nach jeder Übung ein Leckerli gegeben. Geben Sie ihm nun nach nur jeder zweiten Übung eine Belohnung und reduzieren Sie die Häufigkeit weiter, ohne dabei einer Regelmäßigkeit zu folgen, an die er sich gewöhnen könnte. Ihr Hund muss weiterhin bei jeder Übung erwarten können, mit Futter belohnt zu werden. Gelobt wird Ihr Hund von Ihnen natürlich weiterhin nach jeder Übung. Ihr Hund weiß während des Trainings nicht, ob die nächste Belohnung nur aus Lob oder aus Lob und Futter bestehen wird. Er wird sich so weiterhin bei jeder Übung die gleiche Mühe geben. Diese Trainingsmethode hat sich sehr gut bewährt und ist hervorragend für die Entwöhnung geeignet.

Gehorsamstraining

Wenn Sie in Ihrer Gegend eine Hundeschule haben, sollten Sie mit Ihrem Hund einmal an einem Gehorsamstraining teilnehmen. Wenn Sie mit Ihrem Tibet Terrier an Ausstellungen teilnehmen, können Sie auch spezielle Schauring-Klassen besuchen. Die Trainings werden entweder von Ihrem Tibet Terrier Club, einem speziellen Hundesportverein oder auch von privaten Trainern in verschiedenen Schwierigkeitsgraden angeboten.

Bei Gehorsamswettbewerben können Hunde Titel in verschiedenen Klassen gewinnen. Die Einsteiger üben sich in den Grundkommandos „Sitz“, „Platz“, „Fuß“ und so weiter. Andere Klassen zeigen Ihre Leistungen beim Fährtenlesen, Springen, Aufstöbern oder verschiedenen anderen Kommandos. Diese Klassen erfordern schon eine ganze Menge Einsatz und Zeit beim Training von Ihnen

Wie Sie den Verwöhnten entwöhnen

Wenn Sie Ihren Hund erzogen haben, indem er für jedes befolgte Kommando ein Leckerli bekommen hat, könnte er sich dafür entscheiden, ohne Leckerli gar nichts mehr zu machen. Um dies zu verhindern,sollten Sie Ihren Hund nicht mehr nach jedem befolgten Kommando belohnen, sondern nur ab und zu einmal, so dass er auch keine Regelmäßigkeit feststellen kann. Sie werden außerdem feststellen, dass er das „Sitz“, „Platz“,„Bleib“ oder „Komm“ auch dann gerne befolgt, wenn er nicht unbedingt mit einem Leckerli, sondern mit Ihrer Freude und einem kleinen Spiel belohnt wird. Außerdem können Sie Ihren Hund immer loben, ein Leckerli haben Sie hingegen nicht immer dabei!

und Ihrem Hund. Aber dafür sind die Titel in diesen Klassen auch etwas Schönes für das Prestige!

Andere Aktivitäten

Sie haben mit Ihrem Tibet Terrier noch die Möglichkeit an vielen anderen Aktivitäten teilzunehmen. Seine Bewegungsfreude, gepaart mit der Intelligenz dieser Rasse, der Energie und dem unbedingten Willen, Ihnen zu gefallen, machen ihn zu einem großartigen Trainingspartner.

Agility

Viele Tibet Terrier in der ganzen Welt nehmen inzwischen am Agility-Training teil, aber Agility ist für sehr junge Hunde nicht ratsam; sie sollten mindestens zwölf Monate alt sein. Da Tibet Terrier zu den mittelgroßen Rassen gehören, sind einige Hunde klein genug, um an den Mini-Agility-Wettbewerben bis zu 38 Zentimetern Widerristhöhe teilzunehmen. Größere Tibet Terrier nehmen dann schon an den Standard-Agility Wettkämpfen teil. In welcher Klasse Sie und Ihr Hund auch immer starten, Ihnen beiden ist ein großer Spaß sicher.

Tibet Terrier scheinen große Sprünge über Hindernisse zu lieben oder kommen völlig enthusiastisch am Ende eines Tunnels herausgerannt. Weitere Herausforderungen sind der Sprung durch einen Reifen, die Wippe, der Slalom, das Überlaufen von Schrägen, das Balancieren auf einem Balken und vieles mehr. All diese Übungen stärken seinen Geist und er kann seine überschüssigen Energien ablassen.

Bevor Sie mit Ihrem Hund das Agility-Training beginnen, sollten Sie sicher sein, dass er sich in einem ausgezeichneten Gesundheitszustand befindet und auch vom Körperbau nichts gegen diese sport-

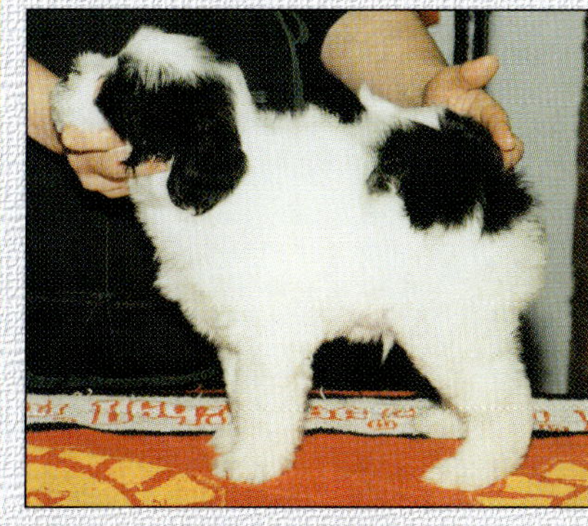

Hundeschulen

Vielleicht ist es Ihr best angelegtes Geld und die best angelegte Zeit in Ihrem Leben, wenn Sie mit Ihrem Hund eine Hundeschule besuchen. Die Vorteile eines gut erzogenen Hundes können Sie sein ganzes Leben lang genießen und Sie treffen zudem gleichgesinnte Menschen und vielleicht neue Freunde.

Erziehungskurse

Die Ausbildung in einem Grundkurs dauert gewöhnlich sechs bis acht Wochen. Hund und Halter nehmen einmal wöchentlich an einem einstündigen Unterricht teil. Die dort erlernten Lektionen werden mehrmals täglich für jeweils einige Minuten zu Hause wiederholt. Mit etwas Geduld und Einsatz führt dies zu einem wohlerzogenen Hund und einem stolzen Halter, der das Leben mit seinem gehorsamen und treuen Hund genießt.

Erkennen Sie, wenn Ihr Schüler gestresst ist

Während der Trainingszeiten können Sie an folgenden Anzeichen erkennen, dass Ihr Hund gestresst ist:

- Er klemmt die Rute zwischen die Beine.
- Er senkt seinen Kopf.
- Er schüttelt sich oder zittert.
- Er steht völlig still oder rennt weg.
- Er schnauft und speichelt stark.
- Er vermeidet direkten Augenkontakt.
- Er legt seinen Ohren an.
- Er uriniert unterwürfig.
- Er legt sich hin und hebt ein Bein hoch.
- Er presst die Kiefer fest zusammen.
- Er reagiert aggressiv, wenn Sie ihn zurechtweisen.

Wenn Ihr vierbeiniger Schüler einige dieser Verhaltensweisen zeigt, ist er gestresst oder eingeschüchtert. Das Training war vielleicht zu lang oder er hat nicht geügend Lob und Bestätigung erhalten. Hören Sie für heute auf und versuchen es morgen wieder!

liche Betätigung spricht. Um die Fitness zu erhalten, ist es wichtig, jeden Tag zu trainieren und sich vor dem Training langsam aufzuwärmen und zu dehnen. Eine weitere, sehr wichtige Überlegung beim Agility ist es, ob auch Sie sich als Besitzer den Anforderungen gewachsen sehen. Sie müssen zwar nicht über jedes Hindernis springen, die Schräge überklettern oder durch den Tunnel kriechen, aber Sie müssen mit Ihrem Hund auf einer Höhe sein, damit Sie ihm Kommandos geben können.

Gehorsamstraining

Es wird häufig gesagt, dass der Tibet Terrier so intelligent ist, dass er nichts tut, worin er keinen Sinn sieht. Es liegt also an Ihnen oder dem Trainer ihn davon zu überzeugen, dass es Sinn macht und gut für ihn ist. Das ist oft schneller gesagt als getan!

Tibet Terrier werden in aller Regel niemals so gehorsam, wie beispielsweise ein Border Collie. Die Rasse wurde von Anfang an nicht nach unseren mitteleuropäischen Maßstäben eines gehorsamen Hundes gezüchtet. Dennoch können sie sehr gute Resultate bringen, wenn man genau weiß, worauf man beim Training zu achten hat. Der Grad des Gehorsams, den Sie mit einem Hund erreichen können, hängt sehr davon ab, wieviel Zeit Sie in das gemeinsame Training investieren können und wollen. Wenn Sie Ihrem Hund erst einmal einige nützliche und ziemlich grundlegende Übungen erfolgreich beigebracht haben, dann werden Sie schnell merken, dass es in der Tat noch höhere Früchte gibt, nach denen Sie greifen wollen.

Vielleicht nehmen Sie ja einmal an einem Unterordnungswettbewerb teil. Ein Sieg bei einem Unterordnungswettbewerb ist bei dieser Rasse durchaus im Bereich des Möglichen, wenn Sie mit Ihrem Hund gut trainiert haben.

Begleithundeprüfung
Prinzipiell sollte jeder Hundehalter mit seinem Hund eine Begleithundeprüfung ablegen. Hierfür ist kaum ein besonderes Training über die Grundkommandos wie „Sitz“ oder „Fuß“ hinaus notwendig. Die Begleithundeprüfung kann man auch als einen Hundeführerschein verstehen, denn Sie und Ihr Hund zeigen damit, dass Sie sich im sozialen Umfeld bewegen können. Die Begleithundeprüfung erfolgreich zu bestehen ist nicht zuletzt für Sie und Ihren Hund die Anerkennung für Ihre Leistungen in der Grunderziehung.
In England gibt es eine ähnliche Prüfung, die dort vom Kennel Club als „Good Citizen“, also „Guter Bürger“-Prüfung bezeichnet wird. Das zeigt schon sehr genau, dass in dieser Prüfung ein gutes Benehmen verlangt wird!

Verhaltenstests
Auf dem Tibet Terrier Weltkongress im Jahr 1999 in Österreich wurden Videos gezeigt, die Tibet Terrier bei verschiedensten Verhaltenstests zeigten. Diese Videos bewiesen zwar nicht seine unbedingte Unterwürfigkeit oder seinen Gehorsam, aber man konnte in den Beiträgen sehen, wie Tibet Terrier sehr gelassen verschiedene durchaus unangenehme Situationen meisterten. Dazu gehörten zum Beispiel das Laufen in einer großen Menschenmenge oder das Vorbeigehen an erhobenen Regenschirmen. Dies sind alles Punkte, die besonders bei der Sozialisation von Hunden wichtig sind, die in der Grossstadt aufwachsen! Man sollte diese Form der Sozialisierung sicher nicht übertreiben, und die Hunde über die Maßen mit Gefahrensituationen belasten, die sie letztendlich vielleicht sogar traumatisieren könnten.

Anfänger-Wettbewerbe
Manchmal gelingt es einigen Hundebesitzern mit ihren Hunden Titel zu gewinnen, obwohl sie nie in einem Club trainiert haben, sondern wichtige Übungen mit ihrem Hund ganz allein durchgeführt haben. Meist klappt dies aber nur bei Anfänger-Wettbewerben, da für eine weitere Ausbildung meist umfangreichere Trainingsgeräte notwendig sind und Ihnen ein ausgebildeter Trainer zur Seite stehen sollte, der Ihnen und Ihrem Hund Hilfestellung bei den schwierigeren Übungen geben kann.

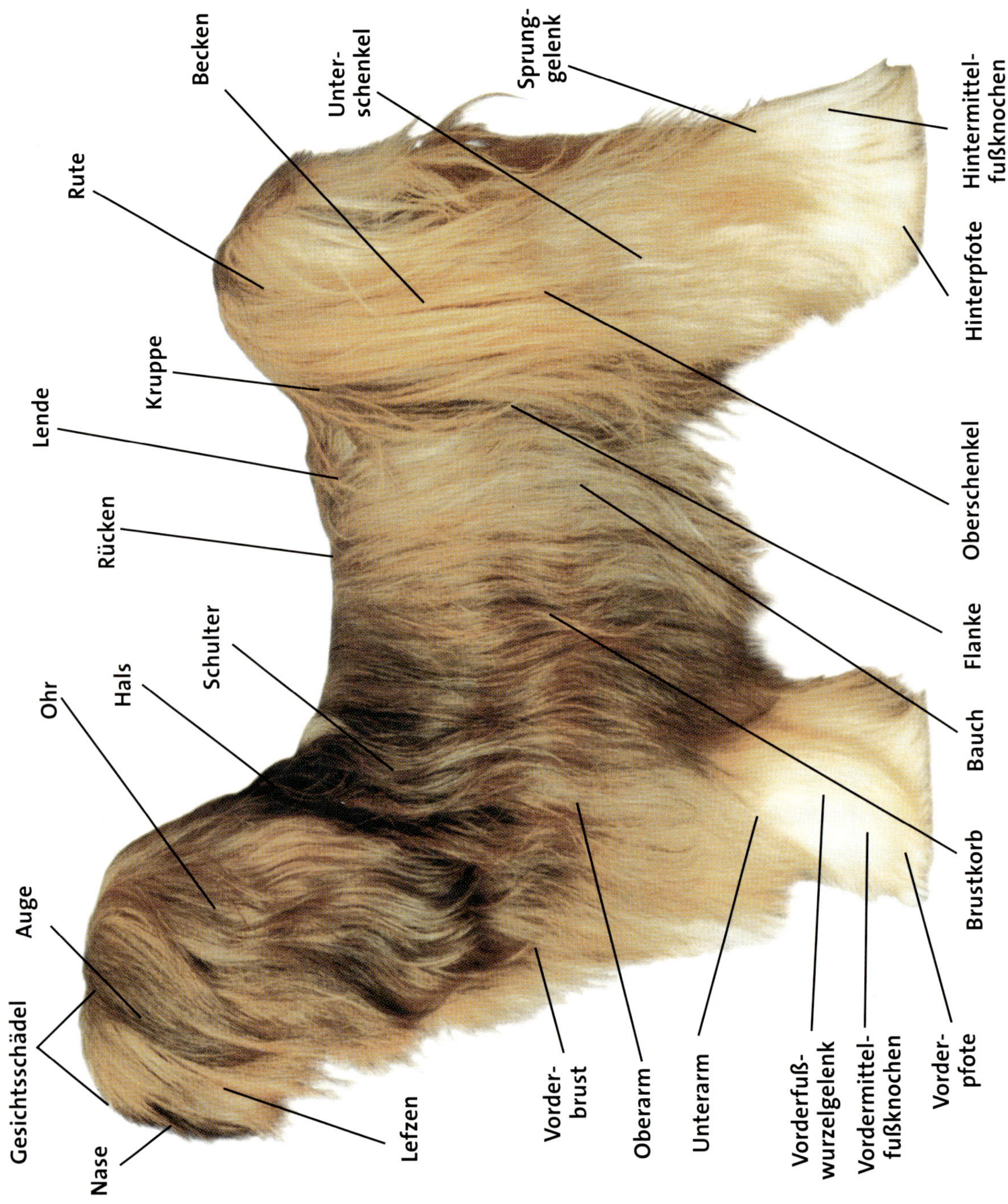

Der Körperbau Ihres Tibet Terriers

Die Gesundheit Ihres Tibet Terrier

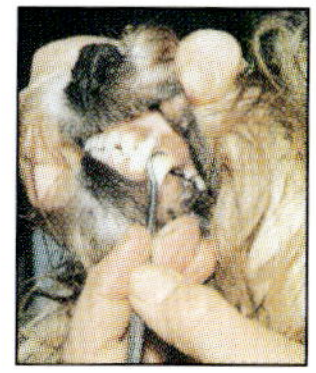

Hunde leiden unter vielen Erkrankungen, von denen auch Menschen befallen werden. Sie teilen sich sogar viele psychologische Probleme mit uns. Da die meisten von uns gewöhnlich mehr über Erkrankungen wissen, die bei Menschen auftreten, als über die von Hunden, werden in diesem Kapitel anstelle der korrekten veterinärmedizinischen Fachbegriffe vielfach die bekannteren Begriffe aus der Humanmedizin verwendet. Wir benutzen den alten Begriff „Röntgenuntersuchung" anstelle des moderneren Ausdrucks „Radiographie". Es wird nach wie vor von Symptomen die Rede sein, auch wenn Hunde eigentlich keine Symptome haben, sondern klinische Anzeichen erkennen lassen. Symptome sind die verbale Beschreibung der Empfindungen eines Patienten. Da Hunde nicht reden können, müssen wir uns auf klinische Anzeichen beschränken.
Allgemein sagt man, dass Medizin praktiziert wird. Dieser Begriff ist absichtlich so gewählt, denn die Medizin verändert sich ständig, je mehr wir über die Genetik, elektronische Hilfsmittel und die verschiedenen Behandlungsmöglichkeiten lernen. Es gibt viele Hundekrankheiten, die nicht in jedem Fall in der gleichen Form behandelt werden. Einige Veterinärchirurgen raten in bestimmten Fällen schneller und häufiger zu einer Operation als andere.

Die richtige Wahl des Tierarztes

Für Ihren Tierarzt sollten Sie sich nicht nur entscheiden, weil er ein sympathischer Mensch ist; wesentlich wichtiger ist seine Erreichbarkeit und sein Fachwissen. Rechnen Sie immer damit, dass ein Notfall eintritt oder dass Ihr Hund aufgrund einer längerwierigen Erkrankung dem Tierarzt häufiger vorgestellt werden muss. Auch sollten seine Sprechzeiten akzeptabel und Termine nach Absprache möglich sein. Es gibt kaum etwas Frustrierenderes als einen ganzen Tag lang auf einen Termin oder den Besuch des Tierarztes warten zu müssen.
Jeder niedergelassene Tierarzt hat sein Studium mit einem anerkannten Examen abgeschlossen und erfüllt die Voraussetzungen zum Führen einer eigenen Praxis. Viele von ihnen haben sich zudem durch Aufbaustudien oder Lehrgänge auf bestimmte Bereiche spezialisiert; so gibt es auch unter den Veterinären Fachärzte für Herzerkrankungen (tierärztliche Kardiologen), Hauterkrankungen (tierärztliche Dermatologen), Zahn- und Kiefererkrankungen (tierärztliche Dentisten), Augenerkrankungen (tierärztliche Ophthalmologen), Röntgendiagnose (tierärztliche Radiologen)und solche, die sich besonders mit Knochen-, Muskel- oder Organkrankheiten befassen. Alle Tierärzte sollten die häufig erforderlichen Routinebe-

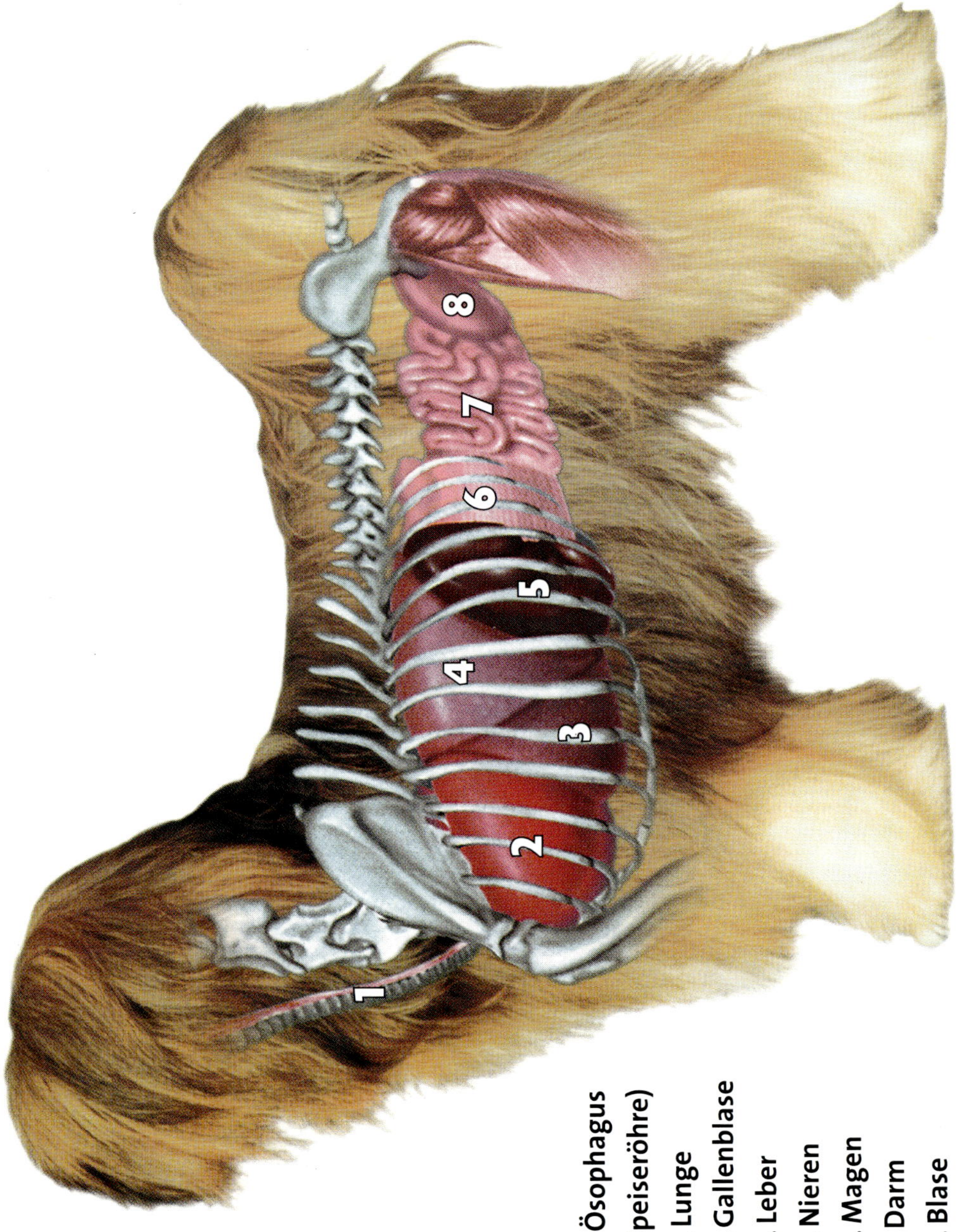

1. Ösophagus (Speiseröhre)
2. Lunge
3. Gallenblase
4. Leber
5. Nieren
6. Magen
7. Darm
8. Blase

Innere Organe und Skelettstruktur

handlungen wie zum Beispiel die Versorgung von Wunden und selbstverständlich Impfungen durchführen; wenn Ihr Hund jedoch ernsthaft erkrankt, ist es Ihr gutes Recht, zusätzlich einen Spezialisten zu Rate zu ziehen. Vielleicht stellen Sie bei der Gelegenheit ja auch Unterschiede bei der Höhe des Tierarzthonorars fest. Die Leistungen eines Tierarztes, insbesondere bei hoch spezialisierten Behandlungen, haben ihren Preis, aber auch hier lohnt sich ein Vergleich. Haben Sie deshalb keine Hemmungen, die möglichen Kosten mit dem Tierarzt zu besprechen, obwohl natürlich die beste Behandlung Ihres Hundes grundsätzlich allerhöchste Priorität haben muss.

Vorbeugende Maßnahmen

Der Entwicklung von Erkrankungen und gesundheitlichen Problemen vorzubeugen, ist in jedem Fall einfacher, billiger und effektiver, als sich mit deren Heilung befassen zu müssen.

Welpen aus guten VDH-Zuchten stammen von Elterntieren ab, die auch auf der Grundlage ihrer genetischen Krankheitsprofile für die Zucht ausgewählt wurden. Ihre Mütter wurden geimpft, waren frei von jeglichen inneren und äußeren Parasitenbefällen und auch in einem einwandfreien Ernährungszustand.

Die erste Milch (Kolostralmilch), die die Welpen von ihrer Mutter erhalten, versorgt sie mit wichtigen Abwehrstoffen für ihre ersten acht bis zehn Wochen. Auch wenn die Mutter frei von Parasiten war, kann sie beim Säugen auch Parasiten und eine Reihe von Krankheiten auf ihre Welpen übertragen. Einige Wurmarten verkapseln sich im Muskelgewebe derart, dass sie nicht durch Parasitenbekämpfungsmittel vernichtet werden können. Die speziellen Schwangerschaftshormone setzen die Parasiten frei, so dass sie über die Milch übertragen werden können.

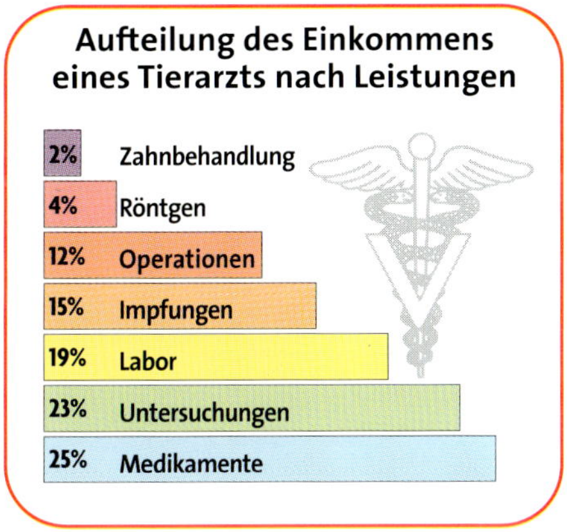

Das durchschnittliche Einkommen eines amerikanischen Tierarztes, aufgeschlüssselt nach den erbrachten Leistungen. Befragt wurden Praxen für Kleintiere.

Kastration

In bestimmten Fällen ist eine Kastration ratsam. Bei Rüden beispielsweise dann, wenn eine Hypersexualität vorliegt. Hündinnen werden meist dann kastriert, wenn sie ausgeprägt scheinträchtig werden – oder auch einfach, um dem Hund (und seinem Besitzer) die Strapazen der Läufigkeit zu ersparen.

Impfplan

Die meisten Impfungen stehen in Form von Injektionen zur Verfügung, die ausschließlich durch die Hand eines Tierarztes verabreicht werden dürfen. Im Impfpass steht, welche Art von Impfung Ihr Hund erhalten hat und welche Dosierung gegeben wurde.

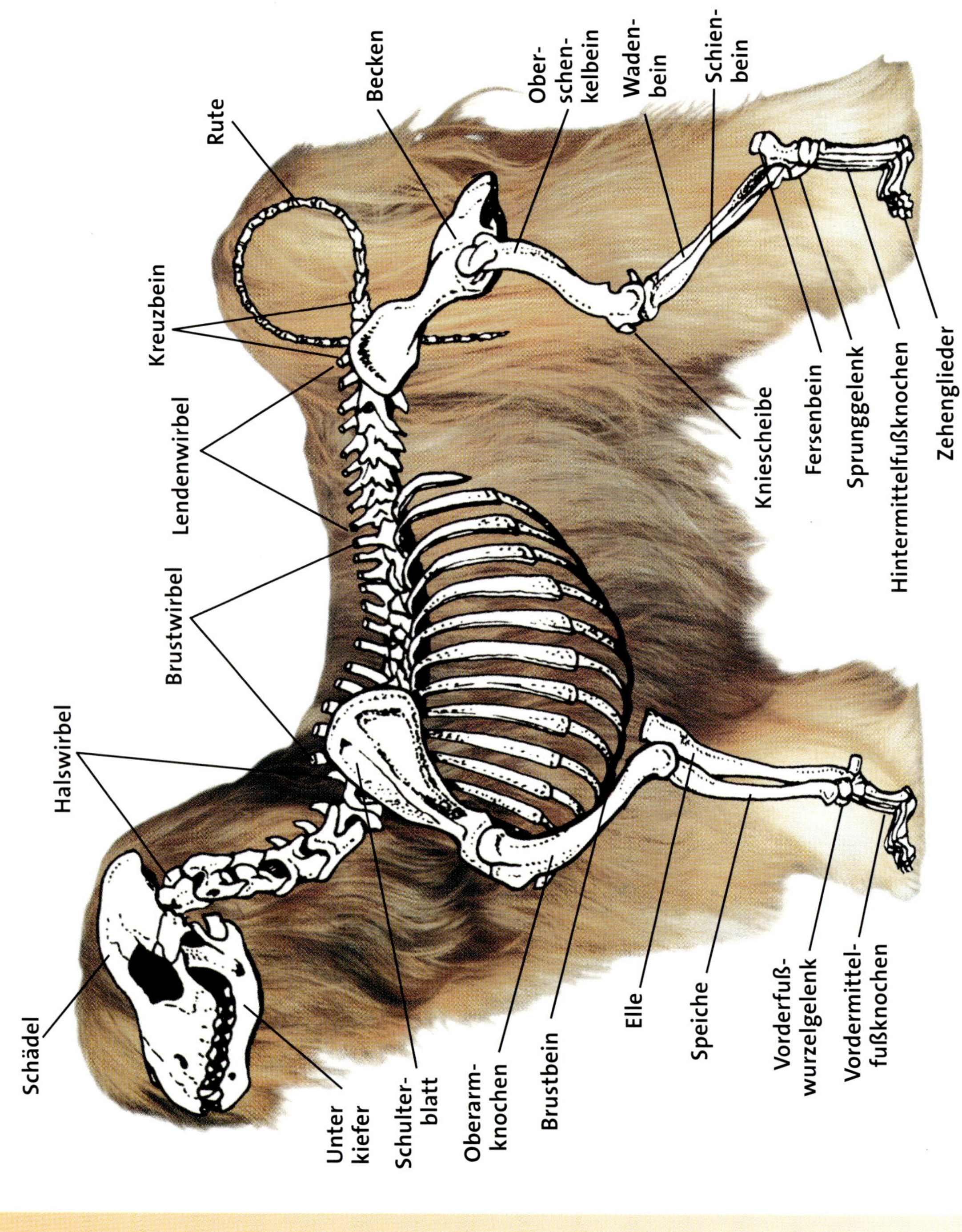

Das Skelett Ihres Tibet Terriers

Die ersten Impfungen werden gewöhnlich in einem Alter von acht Wochen verabreicht und müssen, damit der Hund zuverlässig geschützt ist, mit zwölf bis vierzehn Wochen wiederholt werden. Sie sollten sich in dieser Hinsicht in jedem Fall auf die Empfehlungen Ihres Tierarztes verlassen, denn die Impfabstände können je nach Impfserum unterschiedlich sein. Die meisten Impfstoffe bewirken eine Immunisierung Ihres Welpen gegen die Folgen einer Virusinfektion.

Die üblicherweise verwendeten Impfstoffe sind Kombinationspräparate zum Schutz gegen Staupe, Hepatitis, Leptospirose, Parvovirose und Tollwut. Für speziell gefährdete Welpen sind auch noch andere Impfstoffe verfügbar. Sie sollten sich stets auf den fachmännischen Rat Ihres Arztes verlassen, besonders wenn es um die Auffrischungen geht. Die meisten Impfungen erfordern eine Nachimpfung oder Impfauffrischung, wenn der Welpe ein Jahr alt ist und danach in jährlichen Abständen. In einigen Fällen können die Umstände kürzere Abstände zwischen den Impfungen erfordern. Der Impfstoff gegen Zwingerhusten, in der Fachsprache als Tracheobronchitis bezeichnet, wird nicht in Form einer Injektion verabreicht, sondern in die Nasenlöcher des Hundes gesprüht. Impfungen gegen Zwingerhusten sind gewöhnlich Bestandteil der Grundimmunisierung, aber leider nicht so effektiv wie Impfungen gegen andere ernste Krankheiten.

Von der Entwöhnung bis zu einem Alter von fünf Monaten

Welpen sollten im Alter von etwa zwei Monaten vollständig von der Mutter ent-

Wussten Sie schon?

Hunde, die Zugang zu Rasenflächen haben, die mit Herbiziden behandelt wurden, erkranken dreimal häufiger an bösartigen Lymphomen. Stadthunde sind besonders gefährdet, denn die städtischen Grünflächen sind meist behandelt. Hunde nehmen Herbizide auch über ihre Pfotenballen auf, weshalb Sie darauf achten sollten, wo Ihr Hund herumläuft. Durch Chemikalien gelblich verfärbte Grasflächen sollten unbedingt gemieden werden.

Impfen allein genügt nicht

Impfungen schützen Ihren Hund vor vielen Infektionskrankheiten. Eine ausgewogene Ernährung und die tägliche Kontrolle auf Parasiten halten Ihren Hund gesund und machen ihn weniger empfänglich für die meisten gefährlichen Erkrankungen. Denken Sie daran, dass das Wohlbefinden Ihres Hundes allein in Ihren Händen liegt!

wöhnt sein. Ein Welpe, der für mindestens acht Wochen mit seiner Mutter und seinen Geschwistern zusammenbleibt, zeigt in seinem späteren Leben gewöhnlich gegenüber anderen Hunden und Menschen eine bessere Anpassungsfähigkeit. In jedem Fall sollten Sie Ihren Welpen umgehend von einem Tierarzt untersuchen lassen, der auch gleich einen Impfplan mit Ihnen aufstellen wird.

Der Tierarzt wird die Zähne des Welpen untersuchen, seinen Knochenbau überprüfen und ihn einer generellen Grunduntersuchung unterziehen. Welpen können Probleme mit der Kniescheibe, Katarakt oder andere Augenkrankheiten, abnormale Herzgeräusche und nicht korrekt abgestiegene Hoden haben. Vielleicht zeigt Ihr Welpe auch Verhaltensauffälligkeiten, die Sie mit dem Rat Ihres Tierarztes durch Ihre Erziehung beheben können.

Impfung beim Welpen

Ihr Welpe erhält seine ersten Impfungen bereits im Alter von acht Wochen bei seinem Züchter, also noch bevor Sie ihn mit nach Hause nehmen. Bei Ihrem ersten Tierarztbesuch, möglichst schon nach einer Woche, besprechen Sie mit Ihrem Tierarzt die nächsten Impftermine, damit Ihr Welpe rundum geschützt ist.

Im Alter von fünf bis zwölf Monaten

Spätestens im Alter von fünf Monaten sollte der Welpe nach Erhalt aller Impfungen über einen vollständigen Impfschutz verfügen. Bei einer eingehenden Zahnuntersuchung mit sechs Monaten sollte festgestellt werden, ob alle neuen Zähne richtig im Kiefer stehen. Zu Hause sollten Sie für eine gute Zahnpflege sorgen, indem Sie Ihrem Hund spezielles Kauspielzeug geben und wöchentlich einmal die Zähne putzen.

Obwohl es in vielen anderen Ländern mittlerweile üblich ist, eine Kastration bereits in einem Alter von sechs bis acht Monaten vornehmen zu lassen, ist die Praxis in Deutschland auf Grund der Bestimmungen des Tierschutzgesetzes noch anders. Die Tierärzte in Deutschland sind der Meinung, dass eine frühe Kastration die Entwicklung des Hormonhaushaltes negativ beeinflusst. Im Gegensatz zu den USA, wo viele Hunde, die nicht zu Zucht- oder Ausstellungszwecken gehalten werden, einem solchen Eingriff unterzogen werden, wird eine Kastration in Deutschland gewöhnlich nur vorgenommen, wenn ein triftiger medizinischer Grund dafür vorliegt, obwohl eine Kastration auch ohne medizinische Indikation viele Vorteile hat, beispielsweise vor ungewollter Trächtigkeit schützt und das Risiko für die Ausbreitung verschiedener Krebsarten zu verringern scheint.

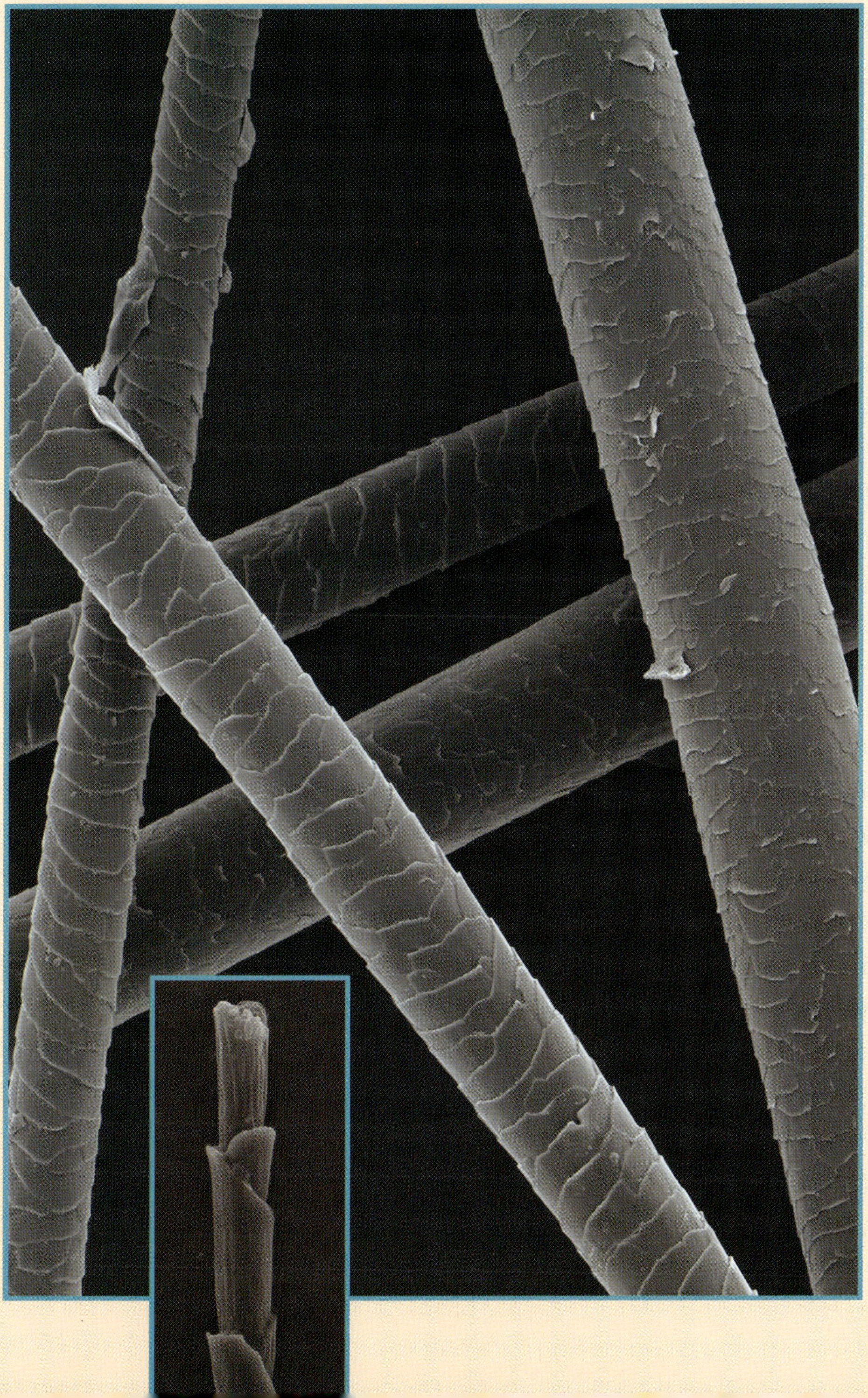

Die Haare eines Hundes bei 200-facher Vergrößerung. Die Kutikula (der äußere Mantel) sieht gesund und sauber aus. Im Gegensatz zu menschlichen Haaren, die nur von der Wurzel aus wachsen, wächst das Hundehaar auch an den Enden, wie das kleine Foto zeigt.
Foto: Dr. Dennis Kunkel, Universität von Hawai

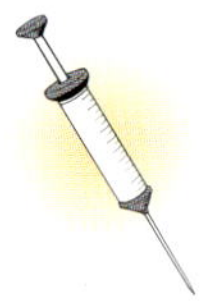

Gesundheits- und Impfschema

Alter in Wochen:	6	8	10	12	14	16	20–24	1 Jahr
Entwurmung	✔	✔	✔	✔	✔	✔	✔	✔
Kastration	nur bei medizinischer Indikation							
Herzwürmer	nur bei Reisen in gefährdete Länder							
Parvovirose		✔		✔				✔
Staupe		✔		✔				✔
Hepatitis		✔		✔				✔
Leptospirose		✔		✔				✔
Parainfluenza		✔		✔				✔
Zahnuntersuchung		✔					✔	✔
Grunduntersuchung		✔		✔			✔	✔
Coronavirus		✔		✔				✔
Zwingerhusten	nur bei gefährdeten Hunden							
Hüftgelenksdysplasie								✔
Tollwut		✔		✔				✔

Dieses Schema wird häufig angewandt, kann jedoch individuell je nach Bedarf abgeändert werden. Wichtig: Impfungen sind nicht sofort wirksam! Das Immunsystem des Hundes benötigt etwa drei Wochen, um genügend Antikörper zu bilden. Die meisten Impfungen müssen jährlich aufgefrischt werden; bitte fragen Sie Ihren Tierarzt.

Im Alter von ein bis sieben Jahren

Sie sollten Ihren Hund mindestens einmal jährlich zwecks einer ausgiebigen Grunduntersuchung bei Ihrem Tierarzt vorstellen. Das Älterwerden ist zwar keine Krankheit, jedoch verändert sich die Funktionsfähigkeit der inneren Organe wie der Leber, der Niere und des Verdauungssystems und es kommt zu einem verlangsamten Stoffwechsel. Die von Ihrem Tierarzt in dieser Phase empfohlene Umstellung der Ernährung Ihres Tibet Terriers kann ihm und Ihnen das Leben leichter machen. Jährliche Blutuntersuchungen geben Ihnen weitere Aufschlüsse über die Gesundheit Ihres Hundes.

Parvovirose

Der Parvovirus ist ein hoch ansteckender Krankheitserreger, der vor allem Welpen und ältere Hunde befällt. Der Virus verbreitet sich über die Fäkalien und verursacht blutigen Durchfall, Übelkeit, Herzschäden, Dehydration, Schock und schließlich den Tod. Um die Folgen der Infektion zu verhindern, wird Ihr Welpe das erste Mal mit sechs oder acht Wochen geimpft, eine Auffrischung erfolgt nach vier Wochen und dann nur noch jährlich. Der Virus kann sich sehr schnell verbreiten, da die Hunde ihn an den Pfoten und im Fell tragen können. Auch über Ihre Schuhe und Kleidung wird der Virus verbreitet.

Hauterkrankungen

Tierärzte werden generell häufiger wegen Hautproblemen konsultiert, als auf Grund anderer Erkrankungen oder Gesundheitsprobleme. Die Haut von Hunden ist fast genauso empfindlich wie die Haut von uns Menschen, und beide leiden nahezu unter den selben Hautproblemen. Aus diesem Grund ist die Veterinärdermatologie zu einem Spezialgebiet geworden, mit dem sich inzwischen viele Tierärzte befassen.

Da viele Hautprobleme mit sichtbaren Symptomen in Verbindung stehen, die sich generell ähnlich sind, erfordert die Erkennung und Heilung vieler ernsthafter Hautprobleme das Wissen eines erfahrenen Veterinärdermatologen. In Zoofachgeschäften sind eine Reihe von Produkten zur Behandlung von Hautproblemen erhältlich, jedoch beschränkt sich deren Wirkung meist nur auf die Behandlung der Symptome, nicht jedoch auf den oder die eigentlichen Auslöser des Problems. Wenn Ihr Hund unter einer Form von Hautkrankheit leidet, suchen Sie so schnell wie möglich die Hilfe eines Spezialisten. Je früher

Krankheitsübersicht

	Was ist das?	Ursache	Symptome
Leptospirose	ernsthafte Erkrankung, die die inneren Organe befällt; kann auf Menschen übertragen werden	Bakterien, die häufig von Nagetieren übertragen werden und sich durch die Schleimhäute schnell im Körper verbreiten	Fieber, Erbrechen und Appetitverlust in weniger schweren Fällen; bis zu Schock, unheilbarem Nierenversagen und möglicherweise Tod in besonders schweren Fällen
Tollwut	potentiell tödlich verlaufende Viruserkrankung, die warmblütige Säugetiere befällt.	Biss durch ein infiziertes Tier (vornehmlich Wildtiere)	1. Stadium – Verhaltensänderung, Angst 2. Stadium – gesteigerte Aggressivität 3. Stadium – Koordinationsverlust und Verlust der Kontrolle über die Körperfunktionen
Parvovirose	hochgradig ansteckende, oft tödlich verlaufende Viruserkrankung	Aufnahme des Virus, das vor allem durch den Kot infizierter Hunde verbreitet wird	im Allgemeinen schwere Durchfälle, Erbrechen, Müdigkeit und Appetitlosigkeit
Zwingerhusten, Tracheobronchitis	ansteckende Atemwegsinfektion	Kombination von Bakterien und Viren; häufig kommen *Bordetella bronchiseptica bacteria* und das Parainfluenzavirus vor	chronischer Husten
Staupe	Krankheit, die das Atemwegs- und Nervensystem angreift	ein Virus, das mit dem menschlichen Masernvirus verwandt ist	leichte Symptome wie Fieber, Appetitlosigkeit und Schleimausscheidung steigern sich bis hin zu Hirnschäden oder Hartballenkrankheit
Hepatitis	ein Virus, das hauptsächlich die Leber angreift	ein Canine adenovirus type I (CAV-1); wird durch Einatmen aufgenommen	schwächere Symptome sind Durchfall und Erbrechen, schwerere Symptome sind beispielsweise Virusklumpen in den Augen
Coronavirus	ein Virus, das Verdauungsprobleme hervorruft	Virus wird durch den Kot infizierter Hunde verbreitet	Magenverstimmung, gekennzeichnet durch Appetitverlust, Erbrechen und Durchfall

ein Problem erkannt und behandelt wird, umso besser sind die Chancen für eine erfolgreiche Heilung.

Erbliche Hautprobleme

Hauttierärzte untersuchen zur Zeit eine Reihe von Hauterkrankungen, bei denen eine erbliche Ursache vermutet wird. Diese Erbkrankheiten werden durch beide Elternteile übertragen, die phänotypisch zwar gesund erscheinen können, aber ein rezessives Gen für diese Erkrankung in sich tragen. Sie sind Träger der

Harnwegsprobleme

Eine Infektion des Harnwegs ist ein ernsthaftes Problem, das sofortige medizinische Betreuung fordert. Probleme zeigen sich, wenn Ihr Hund sich an ungewohnten Plätzen oder besonders häufig in kleinen Mengen löst. Die meisten Harnwegsinfektionen lassen sich mit Antibiotika behandeln. Um Problemen vorzubeugen, müssen Sie Ihrem Hund immer genügend frisches Wasser zur Verfügung stellen.

Auf die Augen kommt es an!

Augenerkrankungen sind bei Hunden verbreiteter, als viele Menschen vielleicht glauben. Dabei sind es manchmal nur leichte Infektionen, die schnell behandelt werden können, manchmal aber auch schwere Leiden, die zum völligen Erblinden führen. Mit allen Augenproblemen Ihres Hundes müssen Sie sich umgehend an Ihren Tierarzt wenden, um möglichst noch im Frühstadium bleibende Schäden zu vermeiden.

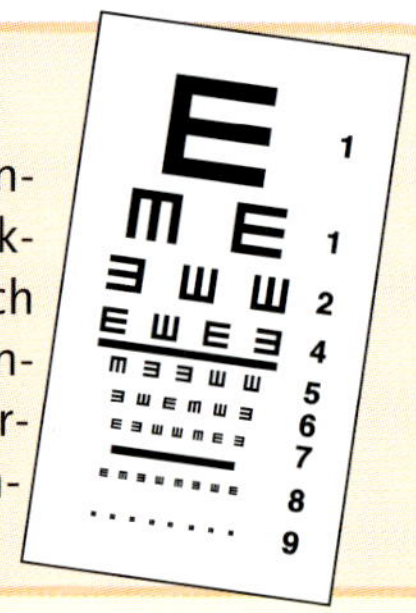

Katarakt (Grauer Star): Die Katarakt erkennen Sie an einer weißlichen bis grauen Verfärbung der Linse, die die Sehfähigkeit mehr oder weniger einschränken kann. Die operative Entfernung der alten und gegebenenfalls das Einsetzen einer künstlichen Linse stellt die alte Sehfähigkeit häufig fast vollständig wieder her. Vorraussetzung ist, dass die Netzhaut voll funktionsfähig ist.

Konjunktivitis (Bindehautentzündung): Hierbei handelt es sich um eine Entzündung der Bindehaut, die die hintere Fläche der Augenlider überzieht und die Nickhaut bildet. Die Bindehaut ist gerötet, schwillt an und das Auge tränt stark. Die Entzündung wird mit Antibiotika behandelt.

Verletzungen der Hornhaut: Die durchsichtige Hornhaut liegt über der Iris und der Pupille. Verletzungen sind schwer zu erkennen, führen aber oft zu einem bleibenden Schaden an der Oberfläche, zu Rötungen und Schmerzen. Infektionen der Hornhaut werden meist mit Antibiotika behandelt. Suchen Sie mit Ihrem Hund auf jeden Fall den Tierarzt auf.

Trockenes-Auge-Syndrom: Dieser Zustand wird durch eine Unterproduktion von Tränenflüssigkeit verursacht, die die Oberfläche des Auges benetzt und damit schützt. Ein Alarmzeichen ist ein gelblich grüner Ausfluss. Unbehandelt kann dieses Syndrom recht schmerzhaft werden, das Auge kann sich entzünden und möglicherweise erblinden. Normalerweise lässt sich das Auge mit Antibiotika behandeln, schwerere Fälle müssen operiert werden.

Glaukom (Grüner Star): Ein Glaukom wird durch einen erhöhten Augeninnendruck verursacht. Als Symptome treten gerötete Augen, eine grünliche Verfärbung des Auges, Schmerzen, ein vergrößerter Augapfel und Verlust der Sehkraft auf. Eine Antibiotikabehandlung hilft manchmal, meistens muss das betroffene Auge aber operiert werden.

Risiko Übergewicht

Jeder Hund, egal welcher Rasse, kann an Übergewicht leiden. Studien haben gezeigt, dass fast 30 Prozent aller Hunde übergewichtig sind, vor allem durch zu viel Kalorien und zu wenig Bewegung. Vor allem Jagd- und Apportierhunde, denen nicht die Möglichkeit zur Bewegung gegeben wird, sind schnell von Übergewichtigkeit betroffen und Hündinnen allgemein stärker als Rüden. Kastrierte Hunde sind doppelt so anfällig für Übergewicht, als nicht operierte Hunde!

Egal welcher Rasse Ihr Hund angehört, er sollte immer eine deutlich Taille zwischen dem Ende seines Brustkorbs und seinen Hinterbeinen haben. Er sollte keine Fettpolster auf den Hüften oder seinem Rücken tragen, sein Bauch sollte nicht aufgedunsen wirken.
Fachtierärzte bringen Übergewicht mit einer Reihe von Erkrankungen wie Atemproblemen, Herzleiden und Leberschäden, sowie mit einer niedrigen Spermienanzahl und einem unregelmäßigen Zyklus in Verbindung. Andere Komplikationen sind Muskel- und Knochenleiden (einschließlich Arthritis), eine geschwächte Immunabwehr, Diabetes mellitus, Hypothyrodiose, Pankreatitis und Dermatose. Untersuchungen zeigen, dass übergewichtige Hunde schneller überhitzen, da sie die Temperatur nicht so gut regulieren können wie normalgewichtige Hunde.
Lassen Sie sich nicht entmutigen, wenn Sie feststellen, dass Ihr Hund an einem Herzproblem oder einem neurologischen Problem leidet. Meist ist es möglich, für seine Krankheit die richtigen Medikamente zu finden. Viele Tierärzte haben sich auf Bereiche wie Kardiologie, Neurologie oder auch Onkologie spezialisiert. Die Tierärzte haben alle ein umfangreiches Studium hinter sich und sind auf ihrem Fachgebiet zusätzlich ausgebildet. Es ist für Sie bestimmt beruhigender, wenn Sie sich mit einem speziellen Problem auch an einen Spezialisten auf diesem Gebiet wenden können!

Krankheit, erkranken aber nicht an ihr. Diese Krankheiten stellen viele Züchter vor große Probleme, denn es gibt noch nicht für alle Krankheiten Tests, um die Trägerhunde zu identifizieren. Meistens sind die Folgeerkrankungen der Hautleiden, einschließlich Krebs oder Atemwegsproblemen noch wesentlich bedrohlicher, als die Erkrankung selbst; manche Hauterkrankungen enden auch ohne Folgeerkrankung tödlich.
Zu den erblich bedingten Hauterkrankungen gehören: Akrodermatitis, kutane Asthenie (entspricht dem Ehlers-Danlos-Syndrom beim Menschen), Sebadenitis, Dermatomyositose, IgA-Mangel, „Colour dilution Alopecia“ (eine spezielle Form der Alopezie) und die nodulare Dermatofibrose. Einige dieser Erkrankungen sind rassespezifisch und kommen nur bei ein oder zwei Rassen vor,

Impfallergien

Impfungen sind nicht immer erfolgreich. Manche Hunde sind allergisch gegen Impfstoffe und manche bilden die gewünschten Antikörper nicht aus. Wird Ihrem Hund ein neuer Impfstoff gespritzt, lassen Sie ihn ein paar Stunden zur Beobachtung beim Tierarzt, um auszuschließen, dass er eine Allergie gegen diesen Impfstoff zeigt.

Hundeohren

Nicht alle Hundeohren sind gleich. Stehende Ohren werden besser durchlüftet als hängende Ohren. Manche Hunde haben zwei unterschiedliche Ohren. Sie sollten niemals versuchen, zu tief in das Ohr einzudringen. Reinigen Sie die Ohren nur mit weichen Wattepads und speziellen Ohrreinigern

andere sind bei vielen Rassen bekannt. Alle Hauterkrankungen müssen unbedingt von einem Tierarzt diagnostiziert und behandelt werden, um besonders den Sekundärerkrankungen entgegen zu wirken.

Parasitenbisse

Viele Menschen reagieren auf Insektenstiche allergisch. Der Stich juckt, schwillt an und entzündet sich häufig. Hunde zeigen auf Floh-, Zecken- und Milbenbisse nahezu dieselbe Reaktion. Wenn Sie ein Insekt auf Ihrer Haut spüren, haben sie die Möglichkeit, es mit der Hand zu vertreiben. Wenn Ihr Hund jedoch von einem Floh, einer Zecke oder Milbe gebissen wird, kann er den Plagegeist nur wegkratzen oder abbeißen. Sobald aber Ihr Hund von einem solchen Parasiten gebissen wurde, ist auch schon ein Teil des Schadens angerichtet. Er kann sogar schon Eier im Fell des Hundes abgelegt haben, die dann für weitere Probleme sorgen. Der Juckreiz durch den Parasitenbiss ist auf den injizierten Speichel zurückzuführen, der das Blut des Hundes am Gerinnen hindert.

Autoimmunerkrankungen der Haut

Autoimmune Hautprobleme werden häufig als „gegen sich selbst allergisch sein“ interpretiert, während Allergien entzündliche Reaktionen auf einen äußeren Reiz sind. Autoimmunerkrankungen verursachen im betroffenen Körperbereich schwere Gewebeschäden.
Die wohl bekannteste Autoimmunerkrankung ist Lupus (Hauttuberkulose), die sowohl Hunde als auch Menschen befällt. Die Symptome sind sehr unterschiedlich und können die Nieren, Knochen, das Blut und die Haut betreffen. Die Erkrankung kann bei Hunden und Menschen tödlich enden, sie gilt jedoch nicht als ansteckend. Die Krankheit lässt sich erfolgreich mit Kortikosteroiden behandeln, jedoch kann eine längere

Verabreichung dieser Medikamente schädliche Nebenwirkungen haben.

Pollenallergie

Eine interessante Allergie ist die Pollenallergie. Menschen leiden unter Heuschnupfen und ähnlichen Erscheinungen, die während der Blütezeit verschiedener Pflanzen und Gräser auftreten. Hunde können unter denselben Allergien leiden, so dass auch Ihr Hund Symptome zeigt, sobald die Pollenbelastung der Luft einen gewissen Grad erreicht hat. Natürlich äußert sich das bei einem Hund nicht wie beim Menschen durch Niesen und eine laufende Nase - sie reagieren auf eine Pollenallergie in gleicher Weise wie auf Flohbisse, indem sie sich kratzen und beißen.
Hunde können genau wie Menschen auf vorhandene Allergien hin getestet werden. Lassen Sie sich über derartige Allergietests von Ihrem Tierarzt beraten.

Probleme mit dem Futter

Futterallergien

Hunde können gegen viele Futterarten allergisch sein, selbst wenn dies Spitzenprodukte sind und von Züchtern und Tierärzten empfohlen werden. Die Futtersorte zu wechseln muss nicht die Lösung des Problems sein, denn das Futterelement, auf das der Hund allergisch reagiert, kann auch in anderen Futtersorten enthalten sein.
Das Erkennen einer Futterallergie ist schwierig. Wenn Menschen etwas essen, was sie nicht vertragen, bekommen sie einen Hautausschlag oder sie erbrechen. Hunde können sich zwar erbrechen, doch

Zahnpflege

Sie sind für die Gesundheit Ihres Hundes verantwortlich und sollten auch seine Zähne regelmäßig kontrollieren. Tierärzte warnen vor Zahnbelägen und Zahnstein, die das Zahnfleisch entzünden und so Bakterien das Eindringen in den Blutkreislauf ermöglichen, wo sie schwere Infektionen auslösen können. Studien zeigen, dass über die Hälfte aller Hunde an einer Form von Zahnfleischentzündung leiden. Sie können mit speziellen Kauspielzeugen und wöchentlichem Zähneputzen das Leben Ihres Hundes um Jahre verlängern.

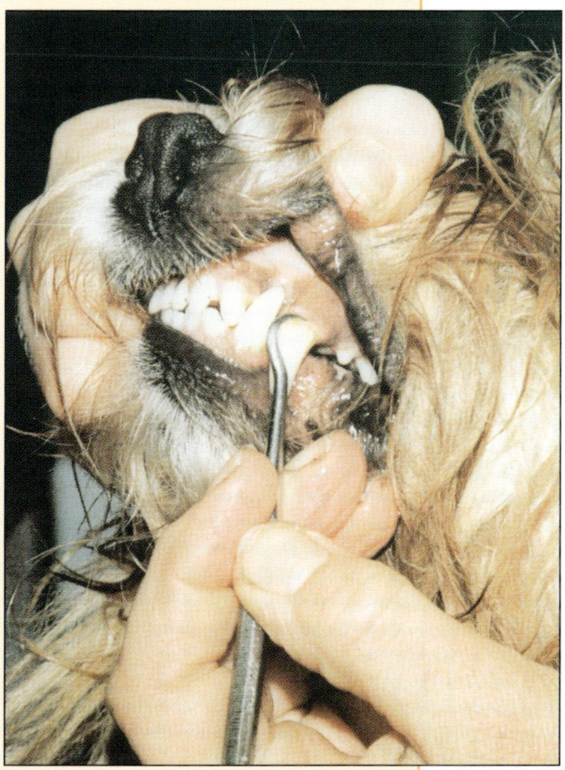

Tatsache oder Einbildung?

Die Ansicht, dass Hunde besonders fettes Fressen brauchen, kann schädlich sein. Wenn Ihr Tierarzt Ihnen raten sollte, das Hundefutter mit Fetten anzureichern, verwenden Sie am besten pflanzliche Öle, da diese seltener Allergien auslösen als tierische Fette.

bekommen sie gewöhnlich keinen Ausschlag. Dafür verspüren sie einen unablässigen Juckreiz und kratzen und beißen sich unentwegt, wodurch die Diagnose sehr erschwert wird. Während Pollenallergien und Parasitenbisse nur zu bestimmten Jahreszeiten auftreten, sind Futterallergien ein ganzjähriges Problem.

Futterunverträglichkeiten

Futterunverträglichkeiten zeigen die Unfähigkeit eines Hundes, bestimmte Futterarten vollständig zu verdauen. Welpen, die keinerlei Probleme mit der Muttermilch hatten, können Unverträglichkeiten bei Kuhmilch zeigen. Die Ergebnisse einer solchen Futterunverträglichkeit können Durchfall, Blähungen und Magenschmerzen sein. Da dies die einzigen offensichtlichen Symptome für eine Futterunverträglichkeit sind, gestaltet sich die Diagnose schwierig.

Die Behandlung von Futterproblemen

Sie können versuchen selbst herauszufunden, worauf Ihr Hund allergisch reagiert. Ernähren Sie Ihren Hund mit einem Futter, das er vorher noch nie erhalten hat. Beginnen Sie dabei am besten mit einer einzelnen Zutat, die nicht in seinem bisherigen Futter enthalten war. Da Zutaten wie Rinderhack oder Fisch in vielen Futtersorten enthalten sind, versuchen Sie es etwas Ausgefalleneres wie Strauß, Kaninchen oder gekochtes Gemüse. Behalten Sie diese Diät ohne weitere Zusätze für einige Zeit bei. Wenn die Symptome abklingen, haben Sie die Ursache wahrscheinlich ausgegrenzt.
Denken Sie nicht, dass Sie Ihren Hund mit dieser einen Zutat ernähren können, denn Sie müssen eine ausgewogene Ernährung zusammenstellen. Finden Sie heraus, welche Zutaten in seinem alten Futter das Problem auslösten. Das kann bei Fertigfuttern fast unmöglich sein. Es gibt jedoch spezielle Futtersorten für Hunde mit Allergien. Sie können auch versuchen, das Problem weiter einzugrenzen, indem Sie immer weitere Futterbestandteile hinzufügen. Nach jedem neuen Bestandteil behalten Sie die Diät für einen Monat bei, bevor Sie den nächsten hinzufügen. So können Sie mit der Zeit herausfinden, was der Auslöser der Futterallergie oder -unverträglichkeit war.
Eine Alternative ist, die einzelnen Komponenten des Futters, das Ihr Hund nicht vertragen hat, eingehend zu studieren. Kaufen Sie dann ein anderes Futter, das die Hauptzutaten der alten Futtersorte nicht enthält. Geben Sie ihm nun für einen Monat das neue Futter und beobachten Sie, ob die Symptome abklingen.

Die gesunde Ernährung

Es ist wichtig, dass Sie Ihren Hund gesund ernähren. Eine falsche Ernährung wirkt sich auf die Gesundheit, das Verhalten und das Nervensystem aus. Ein friedlicher Hund kann sogar aggressiv werden.

Die Todesursache Nummer eins bei Hunden: Krebs

In jedem Zeitalter gibt es ein Wort, mit dem man eine Seuche oder Plage verbindet, die die Menschheit zum Zittern bringt. Im 21. Jahrhundert ist dieses Wort „Krebs". Genauso wie Krebs die Haupttodesursache beim Menschen ist, raubt er fast jedem zweiten Hund das Leben, der eines natürlichen Todes stirbt. Ebenfalls erkrankt jeder zweite Hund, der über zehn Jahre alt wird, an Krebs.
Vermutlich schon genetisch fixiert, steigt für den Hund die Wahrscheinlichkeit an Krebs zu erkranken mit zunehmendem Alter. Tierchirurgen und Hundehalter sind sich der Bedrohung, die Krebs für Hunde darstellt, bewusst geworden. Statistiken zeigen, dass Hunde am häufigsten an Hautkrebs erkranken. Die Chance an Krebsarten wir Prostata-, Eierstock- oder Gesäugekrebs zu erkranken lässt sich anscheinend verringern, wenn man seinen Hund im Alter von sechs Monaten kastrieren lässt.
Wird der Krebs im Frühstadium erkannt, kann das Leben des Hundes gerettet oder zumindest verlängert werden. Eine regelmäßige Krebsvorsorge ist deshalb auch für Ihren Hund sehr wichtig, besonders, wenn Sie irgendwelche Veränderungen an ihm feststellen. Bestimmte Futtermittel scheinen die Entwicklung und Verbreitung von Krebs im Körper einzudämmen.
Die modernen Behandlungs- und Früherkennungsmethoden der Krebsforschung machen Hoffnung für die nächsten Hundegenerationen. Da es eine genetische Disposition zumindest für bestimmte Krebsleiden zu geben scheint, sollte mit diesen Hunden nicht mehr gezüchtet werden. Leider erkranken viele Hunde meist erst dann an Krebs, wenn sie schon Nachkommen gezeugt haben.

Erkennen Sie die Warnzeichen für Krebs

Da die Früherkennung Ihrem Hund vielleicht das Leben retten kann, ist es wichtig, dass Sie erste Anzeichen erkennen und dann ärztliche Hilfe beanspruchen.

- unnatürliche Schwellungen oder Beulen, die größer werden
- Blut oder Ausfluss aus einer Körperöffnung
- anhaltende Steifheit oder Lahmheit
- wieder auftretende Wunden oder Wunden, die nicht abheilen
- Trieblosigkeit
- Atemprobleme
- Gewichtsverlust
- schlechter Atem oder Körpergeruch
- Apathie
- Probleme beim Fressen und Schlucken
- Schwierigkeiten beim Urin- und Kotabsatz

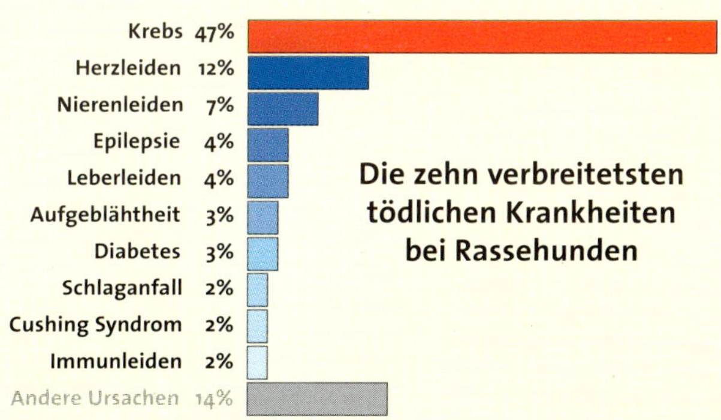

Die zehn verbreitetsten tödlichen Krankheiten bei Rassehunden

Außenparasiten (Ektoparasiten)

Von allen Problemen, zu denen Hunde neigen, ist wohl keines besser bekannt und frustrierender als das Flohproblem. Ein Flohbefall ist zwar relativ einfach zu behandeln, dafür umso schwieriger zu verhindern. Parasiten, die im Inneren eines Hundes ihr Unwesen treiben, sind schwieriger zu behandeln, dafür aber einfacher zu kontrollieren.

Flöhe

Es ist möglich, Flohbefälle zu kontrollieren, jedoch müssen Sie dazu den Lebenszyklus des Flohs verstehen. Gewöhnlich sind Flöhe ein im Sommer auftretendes Problem, aber da sich Flöhe in unseren zentralbeheizten Räumen inzwischen das ganze Jahr wohlfühlen, haben wir auch das ganze Jahr mit ihnen zu kämpfen. Eine effektive Beseitigung bezieht auch das Umfeld des Hundes mit ein. Es gibt leider kein einziges Mittel gegen Flöhe, das stets und überall mit gleich gutem Erfolg eingesetzt werden kann. Für eine effektive Flohkontrolle muss die Behandlung gezielt jedes Stadium des Lebenszyklus des Flohs bekämpfen.

Lebensstadien des Flohs

Während seines Lebens durchläuft der Floh vier Stadien: Ei, Larve, Puppe und adulter Floh. Das Adultstadium ist das am besten erkennbare und lästigste Stadium des Flohlebens, darum konzentrieren sich die meisten Produkte auf dieses Sta-

Eine Aufnahme des Hundeflohs *Ctenocephalides canis* durch ein Raster-Elektronen-Mikroskop (REM).

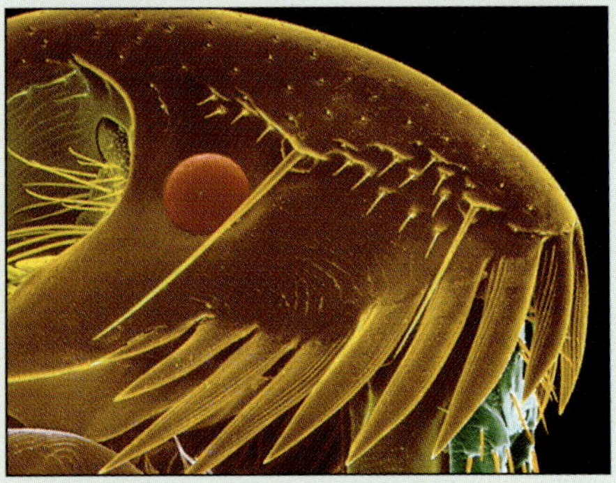

Eine Ausschnittsvergrößerung des Kopfs eines Hundeflohs, *Ctenocephalides canis*.

Flöhe in Zahlen

Flöhe gibt es bereits seit Millionen von Jahren, und sie haben sich an immer neue Wirtstiere angepasst. Sie können einen kompletten Lebenszyklus in weniger als einem Monat durchlaufen oder ihr Leben auch um fast zwei Jahre verlängern, indem sie für die Dauer dieser Zeit im Puppenstadium verbleiben, bis die Lebensumstände günstiger sind. Adulte Flöhe können mehrere Monate ohne jegliche Nahrung überleben.

Es ist erwiesen, dass Flöhe das 300-fache ihrer eigenen Körperlänge überspringen können. Dies sind nur einige der Gründe, warum sie beim Befallen von Hunden so erfolgreich sind.

dium. Neue Produkte, die oral oder als Salben angeboten werden, bekämpfen die meisten Stadien sehr zuverlässig. Tatsache ist, dass adulte Flöhe nur ein Prozent der Flohpopulation ausmachen. Die anderen 99 Prozent bestehen aus den übrigen Stadien wie Eiern, Larven und Puppen. Diese Stadien sind einzeln mit bloßem Auge kaum zu erkennen, treten aber meist massenhaft auf.

Lebenszyklus des Flohs

Flöhe legen ihre Eier mehrmals täglich in Gelegen von ungefähr zwanzig bis dreißig Eiern auf Ihrem Hund ab. Das Flohweibchen benötigt vor jeder Eiablage eine Mahlzeit aus Blut. Diese noch feuchten und klebrigen Eier haften zuerst an den Haaren, trocknen aber schnell und fallen dann einfach herunter. Besonders dann, wenn der Hund herumläuft und sich kratzt. Viele Eier fallen dort auf den Boden, wo der Hund bevorzugt entlangläuft, oder an Plätzen wie seinem Schlafplatz, an denen er sich längere Zeit aufhält.

Nachdem die Eier vom Hund gefallen sind, beginnt die Entwicklung. Nach einem bis zu zehn Tagen schlüpfen die Larven. Die Larven sind nicht besonders mobil und bewegen sich meist nur wenige Zentimeter von ihrem Schlupfort weg. Allerdings neigen sie dazu, sich von Licht und unruhigen Stellen fortzubewegen - bevorzugt unter Möbel und hinter Türen, wo man mitunter ganze Ansammlungen von Flohlarven finden kann.

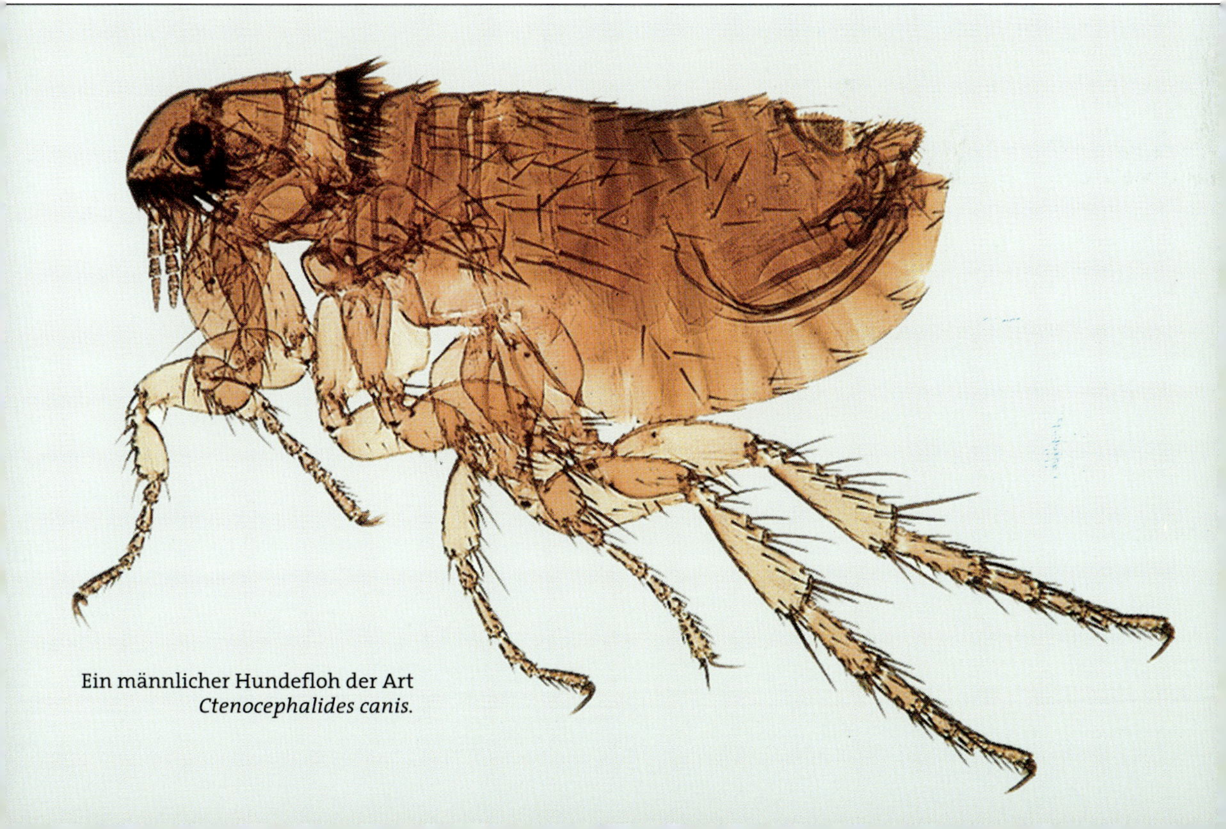

Ein männlicher Hundefloh der Art *Ctenocephalides canis.*

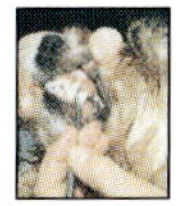

Die Flohlarven ernähren sich bis zu ihrer Umwandlung zum erwachsenen Floh von toten organischen Substanzen, einschließlich dem Kot erwachsener Flöhe. Ein Floh durchläuft sein Larvenstadium gewöhnlich in sieben Tagen. Danach verpuppt sich die Larve. In ihrer schützenden Puppenhülle durchlebt die Larve eine Metamorphose und verwandelt sich in einen ausgewachsenen Floh. Dieser Vorgang kann nur wenige Tage dauern, jedoch kann die Puppe bis zu zwei Jahren verweilen, bis der Floh endgültig schlüpft. Die Flöhe schlüpfen auf bestimmte Signale hin aus ihrer Puppenhülle, wie beispielsweise Druck, Erschütterung, Wärme oder ein erhöhter Kohlenstoffgehalt. All dies sind Anzeichen dafür, dass ein geeigneter Wirt in der Nähe ist.

Nach dem Schlupf muss der adulte Floh innerhalb weniger Tage mit dem Fressen beginnen. Hat er erst einen geeigneten Wirt gefunden, verlässt er diesen nicht freiwillig wieder. Er fällt nur von ihm herunter, wenn er ausgekämmt wird oder der Hund sich kratzt. Wenn er nicht gewaltsam entfernt wird, verbringt der Floh sein ganzes Leben auf demselben Wirt.

Wussten Sie schon?

Vermischen Sie niemals verschiedene Flohmittel miteinander, ohne vorher Ihren Tierarzt dazu befragt zu haben. Einige dieser Mittel können in Verbindung mit anderen toxisch wirken und schwere bis tödliche Schäden bei Ihrem Hund verursachen.

Wussten Sie schon?

Flohbekämpfungsmittel sind giftig. Sie sollten diese Mittel nicht an Stellen einsetzen, an denen sich Ihr Hund lecken kann, nicht an seinen Genitalien und nicht in seinem Gesicht. Die Behandlung mit Medikamenten zur Einnahme ist sicherer, aber sprechen Sie mit Ihrem Tierarzt, denn nicht jeder Hund verträgt diese Flohmittel.

Behandlung des Hundes und der Umgebung

Die Flohbeseitigung muss aus zwei verschiedenen Ansätzen bestehen. Zuerst muss die Umgebung einschließlich aller Teppiche und Möbel behandelt werden. In jedem Fall müssen der Schlafplatz des Hundes und die Bereiche unter den Möbelstücken behandelt werden.

Die Umgebung sollte mit einem Haushaltsspray behandelt werden, das einen Wachstumsregulator für Insekten enthält und ein Insektizid zum Töten der adulten Flöhe. Die meisten Wachstumsregulatoren sind auch gegen Eier und Larven wirksam. Sie imitieren die Hormone des Flohs und stoppen so die Entwicklung von Eiern und Larven. Derzeit gibt es keine Behandlung für das Puppenstadium, weshalb das Insektizid zum Töten der frisch geschlüpften adulten Flöhe zum Einsatz kommen sollte, bevor diese einen Wirt finden können. Die Wirkung der meisten Wachstumsregulatoren hält für viele Monate an, während Insektizide nur für einige Tage wirksam sind.

Vor der Behandlung mit dem Haushaltsspray sollten Sie gründlich staub-

Gegenüberliegende Seite: Eine Elektronenmikroskopaufnahme eines Flohs, *Ctenocephalides*, in mehr als 100-facher Vergrößerung. Für einen besseren Kontrast wurde die Aufnahme eingefärbt.

Der Lebenszyklus eines Flohs

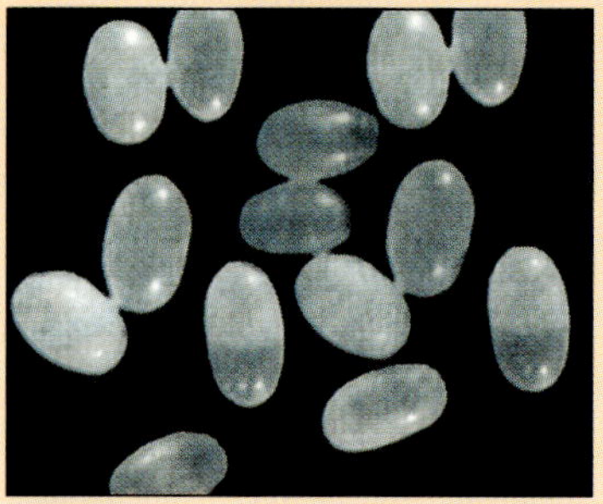

Eier

Larve

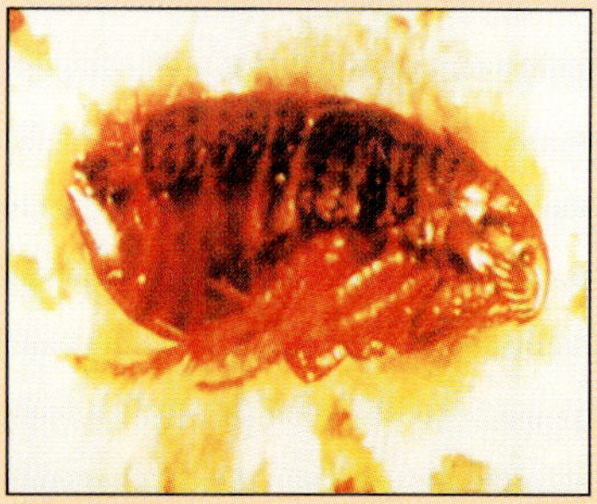

Puppe

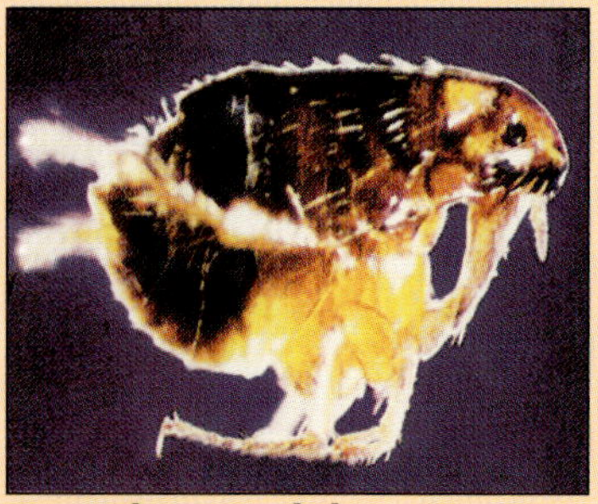

Erwachsener Floh

Achtung Flöhe!

Wachstumshemmer

Zur Flohbehandlung sollten zwei Mittel eingesetzt werden - eines zur Behandlung des Hundes und eines zur Behandlung des Lebensraums. Adulte Flöhe stellen nur 1% der Flohpopulation dar. Die präadulten Flöhe (Eier, Larven und Puppen) bilden die anderen 99% der Flohpopulation und sind im Lebensraum des Hundes zu finden. Im Fall von präadulten Flöhen sollte ein Mittel verwendet werden, das einen Wachstumsregulator für Parasiten enthält.
Wachstumsregulatoren stellen eine neue Klasse von Wirkstoffen dar, die die Entwicklung von Parasiten verhindern. Sie töten den Parasit nicht sofort, sondern benutzen stattdessen die Biologie der Parasiten, um diese gegen sie einzusetzen und sie am Wachstum zu hindern. Methopren enthaltende Produkte sind weltweit die führenden Wachstumsregulatoren. Für die Kontrolle von Flöhen und anderen Parasiten eingesetzt, stoppt dieser Wachstumsregulator die Weiterentwicklung der Flohlarve und schützt Ihr Haus so bis zu sieben Monate vor einem Flohbefall.

Flöhe bekämpfen

Schützen Sie sich in folgender Weise vor Flöhen:

- Geben Sie dem Badewasser Ihres Hundes etwas Pennyroyal- oder Eukalyptusöl bei. Diese natürlichen Mittel verjagen Flöhe.
- Reichern Sie das Futter Ihres Hundes mit frischem Knoblauch und einer guten Portion Bierhefe an, denn beides hält Flöhe fern.
- Begrenzen Sie den Bewegungsfreiraum Ihres Hundes auf wenige Räume, um die Verbreitung der Flöhe einzudämmen.
- Saugen sie täglich, auch in Spalten und Ritzen. Tauschen Sie die Staubsaugertüten alle paar Tage aus, bis das Problem unter Kontrolle ist.
- Waschen Sie täglich die Decken Ihres Hundes. Decken Sie Kissen und Polstermöbel, auf denen Ihr Hund sich aufhalten darf, mit Handtüchern ab und waschen Sie diese so oft wie möglich.

saugen. Dadurch werden möglichst viele verpuppte Flöhe zum Schlupf angeregt. Auch der Staubsauger sollte mit einem Anti-Flohmittel behandelt werden, um die aufgesaugten Larven und Eier am Schlüpfen zu hindern.
Der zweite Angriff richtet sich gegen die adulten Flöhe auf dem Hund. Dies kann durch das Anlegen eines Flohhalsbands oder mittels eines Flohsprays geschehen, jedoch erzielen heute innerlich verabreichte Insektizide, die den Floh vergiften, wenn er das Blut des Hundes verdaut, bessere Erfolge. Alternativ dazu gibt es auch flüssige Mittel, die dem Hund auf das Genick geträufelt werden und sich dann im Fell und auf der Haut des Hundes verteilen, um die adulten Flöhe zu töten.

Diese Vergrößerung zeigt einen Floh, wie er auf einen Hunderücken springt.

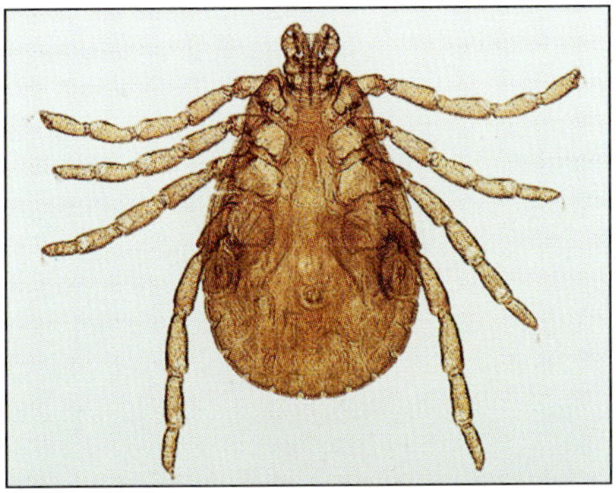

Die Braune Hundezecke, *Rhipicephalus sanguineus,* ist ein selten auf Hunden zu findender, aber unangenehmer Quälgeist.

Der Kopf der Hundezecke, *Dermacentor variabilis*, vergrößert und eingefärbt.

Zecken und Milben

Obwohl nicht ganz so häufig wie Flöhe, sind Zecken und Milben überall auf der Welt in den tropischen und gemäßigten Klimazonen vertreten. Sie ernähren sich ausschließlich von Blut und injizieren auch ihren Speichel in die Bisswunde, um das Blut am Gerinnen zu hindern und die Bissstelle zu betäuben. Zecken und Milben sind Überträger einer Reihe von sehr unangenehmen Erkrankungen, die teilweise sogar tödlich verlaufen können, beispielsweise das Zeckenfieber die die Lyme-Borreliose. Ihr Lebensraum ist dem der Flöhe ähnlich, sie bevorzugen kleinste Risse und Spalten in Wänden. Diese Parasiten können Sie mit den gleichen Mitteln wie Flöhe kontrollieren.

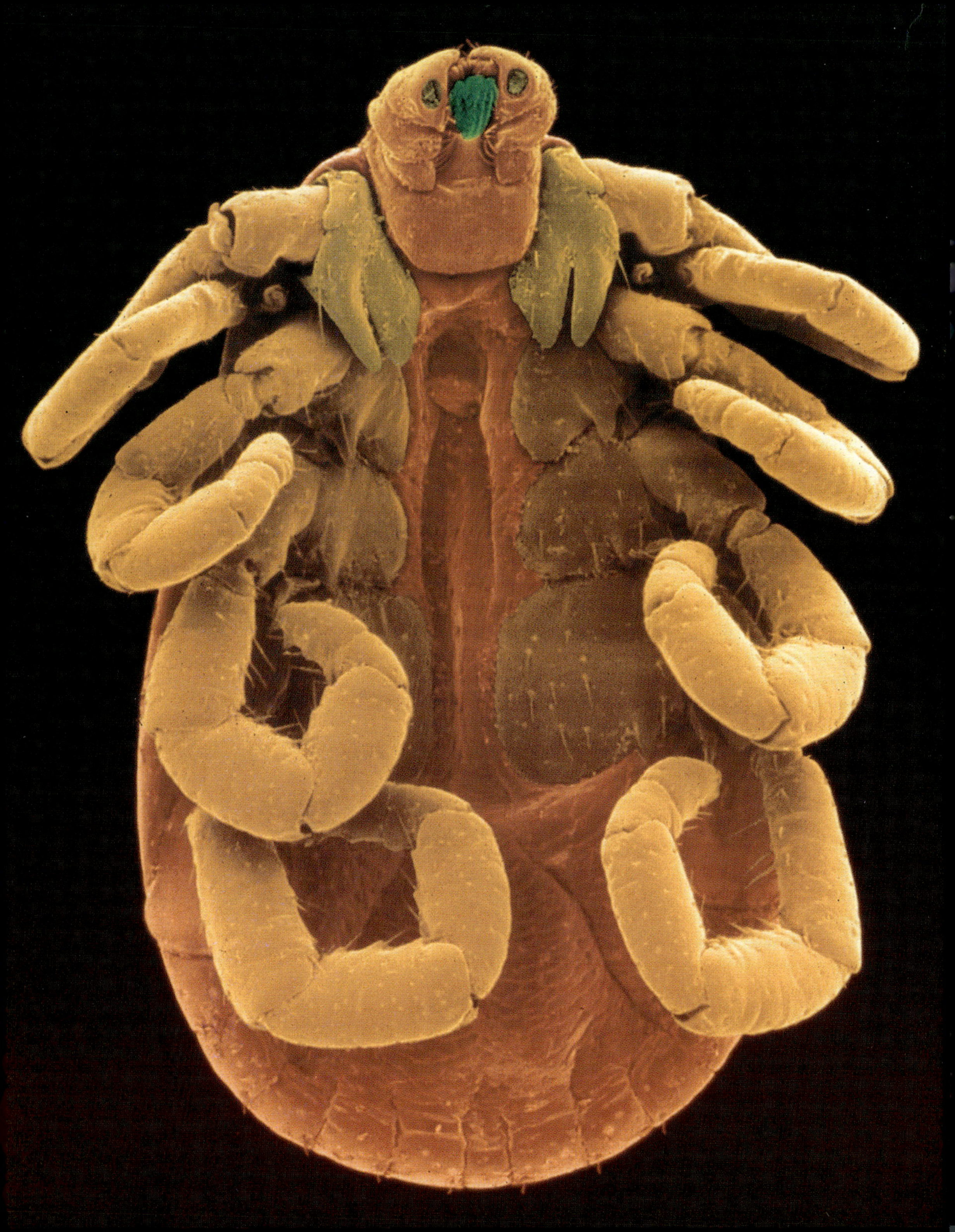

Die Hundezecke *Dermacentor variabilis* ist wohl die weltweit am häufigsten zu findende, besonders dort, wo ein feucht-warmes Klima herrscht.

Die meisten Hundezecken haben eine Lebenserwartung zwischen einer Woche und sechs Monaten, was ganz von den herrschenden Klimabedingungen abhängt. Sie können weder springen noch fliegen, sondern krabbeln herum. Dabei können sie Strecken von bis zu fünf Metern zurücklegen, wenn Sie beispielsweise einen Hund wahrgenommen haben.

Vorsicht Hundezecke!

Sich im Freien aufzuhalten ist für jeden Hund das Größte. Leider sind auf vielen Wiesen und in Wäldern auch gefährliche Zecken zu Hause. Zecken sind häufig Träger des Bakteriums *Borrelia burgdorferi*. Am häufigsten findert man sie im Frühling und im Herbst. Wenn die Infektion früh erkannt wird, helfen die Antibiotika Penicillin und Tetracyclin. Unerkannt führt das Bakterium zu neurologischen, Herz- und Nierenschäden. Die Gelenke können sich entzünden und jede Bewegung schmerzt dann.

Gegenüberliegende Seite: Die Hundezecke, *Dermacentor variabilis*, ist die am häufigsten auf Hunden zu findende. Beachten Sie die kraftvollen Kauwerkzeuge - kein Wunder, dass sie schwer zu entfernen ist.

Ein Holzbock, Träger des Erregers der Lyme Borreliose. Die Aufnahme wurde eingefärbt.

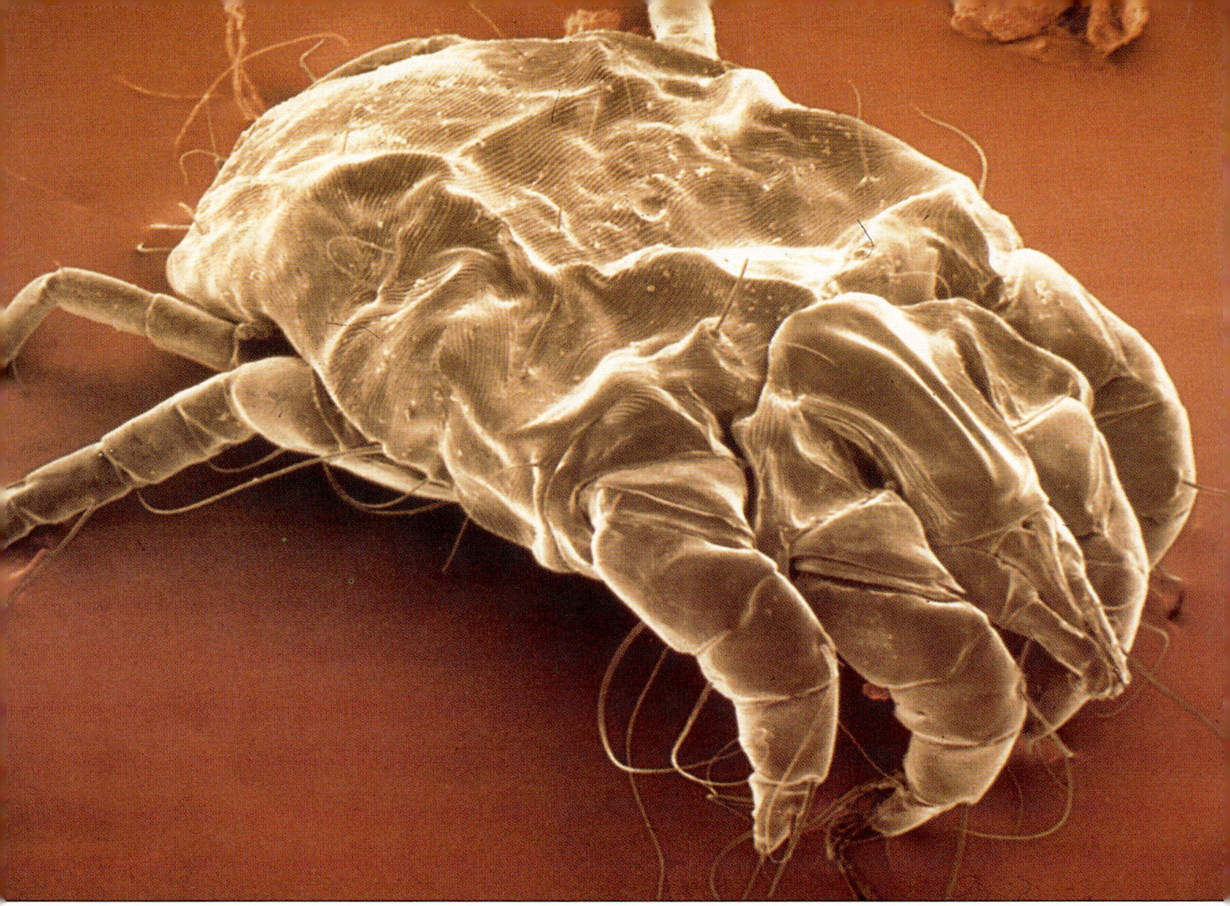

Eine Aufnahme der Räudemilbe, *Psoroptes bovis*.

Menschliche Kopfläuse sehen wie Hundeläuse aus und sind eng mit diesen verwandt.

Räude

Milben verursachen Hautreizungen, die alle als Räude bezeichnet werden. Einige sind ansteckend, wie die Ohrmilben, Sarkoptes-Milben oder Cheyletiella-Milben. Die demodikotische Räude geht mit einem Befall durch Demodex-Milben einher, sie gilt als nicht übertragbar. Milben, die die Ohren von Hunden befallen, sind gewöhnlich gut mit Ivermectin zu kontrollieren. Da einige Arten von Räude auf den Menschen übertragen werden können, sollte in jedem Fall schnellstmöglich eine Behandlung angesetzt werden.

Innenparasiten (Endoparasiten)

Die meisten Tiere - Fische, Vögel und alle Säugetiere, Hunde und Menschen eingeschlossen - beherbergen Würmer und andere Parasiten, die im Innern des Körpers leben. Nach Ansicht des Fischpathologen Dr. Herbert R. Axelrod gibt es zwei Arten von Parasiten - dumme und schlaue. Die schlauen Parasiten leben mit ihrem Wirt in friedlicher Eintracht (Symbiose), während die dummen ihren Wirt umbringen.

Die meisten Wurmbefälle sind relativ einfach zu kontrollieren. Lässt man sie jedoch ungehindert ausufern, schwächen sie ihren Wirt letztendlich bis zu einem Punkt, an dem es zu anderen Gesundheitsproblemen kommt.

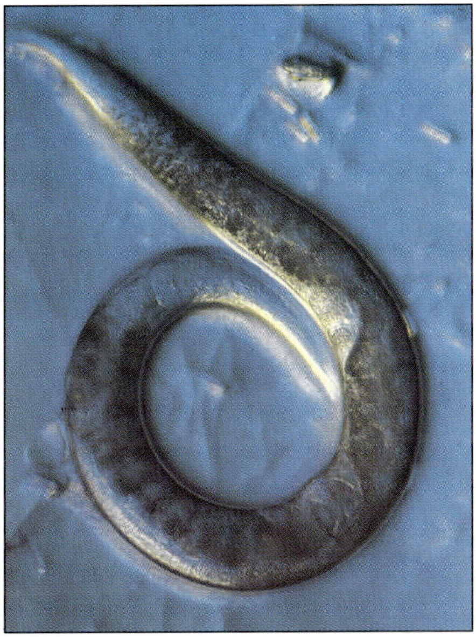

Der Spulwurm *Rhabditis*. Er kann Hunde und Menschen befallen.

Spulwürmer

Der häufigste Spulwurm bei Hunden ist unter dem wissenschaftlichen Namen *Toxocara canis* bekannt. Er lebt im Verdauungssystem des Hundes und scheidet kontinuierlich Eier aus. Es wird vermutet, dass ein von Spulwürmern befallener, durchschnittlich großer Hund täglich etwa 150 Gramm Kot produziert, von denen jedes Gramm durchschnittlich 10 000 bis 12 000 Spulwurmeier enthält. Die größte Gefahr von Spulwürmern ist, dass sie auch Menschen befallen. Aus diesem Grund ist es wichtig, Ihren Hund regelmäßig zu entwurmen. Auch Schweine leiden unter Spulwurmbefällen, die auf Mensch und Hund übertragbar sind. Dieser Spulwurm trägt den wissenschaftlichen Namen *Ascaris lumbricoides*.

Spulwürmer

Durchschnittlich große Hunde können täglich 1 360 000 Spulwurmeier ausscheiden. Bei einem weltweiten Bestand von angenommen nur einer Million Hunden wird die Umwelt jeden Tag mit 1 300 Tonnen Hundekot belastet.

Diese Kotmenge enthält somit 15 000 000 000 Spulwurmeier. Sieben bis 31 Prozent aller Privatgärten und Buddelkästen in den USA sind mit Spulwurmeiern verseucht.

Den Kot Ihres Hundes in der Toilette hinunterzuspülen, ist auch kein sicherer Weg, denn die normalen Wasseraufbereitungsmaßnahmen im Klärwerk zerstören die Spulwurmeier nicht.

Infizierte Welpen beginnen im Alter von drei Wochen mit der Ausscheidung von Spulwurmeiern. Sie können bereits im Mutterleib infiziert sein.

Entwurmen

Das Entwurmen Ihres Welpen ist ausgesprochen wichtig, denn viele Würmer, wie Band-, Haken- und Spulwürmer, können vom Welpen auf den Menschen übertragen werden.

Züchter entwurmen ihre Welpen das erste Mal bereits im Alter von etwa vier Wochen. Diese Prozedur wird gewöhnlich alle zwei bis drei Wochen wiederholt, bis die Welpen drei Monate alt sind. Der Züchter, bei dem Sie Ihren Welpen kaufen, sollte Ihnen einen Gesundheitspass aushändigen, in dem alle bereits verabreichten Impfungen und Entwurmungen im Detail vermerkt sind.

Ihr Tierarzt wird Ihnen für Ihren Welpen ein Entwurmungsprogramm empfehlen und überwachen. Im Normalfall wird ein Welpe alle 15 bis 20 Tage behandelt, bis er frei von Würmern ist. Es ist nicht ratsam, zu diesen Zweck Entwurmungsmittel zu verwenden, die nicht vom Tierarzt empfohlen wurden.

Hakenwürmer

Die Wurmart *Ancylostoma caninum* ist gewöhnlich als der Hundehakenwurm bekannt. Er ist auch für Katzen und Menschen gefährlich. Wie viele andere Würmer besitzt auch dieser Wurm Mundwerkzeuge, mit denen er sich in den Darmwänden seines Wirtes verankert. Da er seinen Standort allerdings etwa sechsmal täglich wechselt, kommt es an den beschädigten Darmwänden zu Blutungen, die zu einer Eisenmangelanämie führen können. Ein Hakenwurmbefall kann einfach mit einer Reihe von Medikamenten behandelt werden. Milbemyzin oxim, das auch gegen Herzwürmer bei Collies verschrieben wird, kann auch gegen Hakenwürmer eingesetzt werden.

In England taucht im offenen Grasland der Hakenwurm *Unicinaria stenocephala* auf. Er befällt vor allem Hunde, die sich länger im Freien aufhalten, wie viele Jagdhunde und Laufhunde.

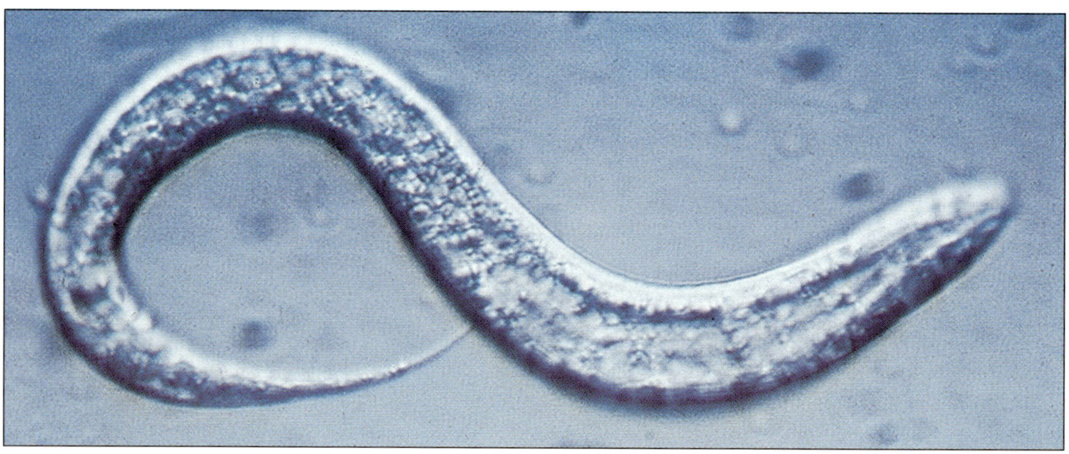

Das infektiöse Stadium der Hakenwurmlarve.

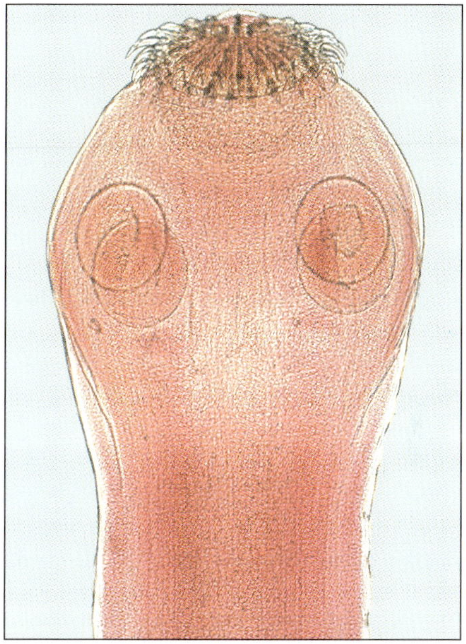

Links:
Männlicher und weiblicher Hakenwurm, *Ancylostoma caninum*. Sie sind nur selten bei Haus- oder Ausstellungshunden zu finden.

Rechts:
Der Kopf und das Rostellum (die runde Erhebung am Skolex) eines Bandwurms, der Hunde und Menschen befällt.

Bandwürmer

Es gibt viele Arten von Bandwürmern. Am häufigsten werden Bandwürmer von Flöhen auf Hunde übertragen, indem der Hund den infizierten Floh frisst. Somit kann der Lebenszyklus des Bandwurms im Wirtstier beginnen. Bandwürmer sind jedoch auch noch auf anderen Wegen und nicht nur auf Hunde, sondern auch auf Menschen übertragbar. Während eine Bandwurminfektion für Hunde meist keine lebensbedrohende Angelegenheit ist, kann sie bei Menschen der Auslöser für eine sehr schwere Lebererkrankung sein. Etwa 50% aller Menschen, die sich mit dem Fuchsbandwurm *Echinococcus multilocularis* infizieren und somit unter alveolärer Hydatidose leiden, sterben letztlich daran. Auch wenn es albern klingen mag, verschlucken Sie lieber keinen Floh!

Bandwürmer

Menschen, Ratten, Mäuse, Eichhörnchen, Füchse, Wölfe und Hunde sind für Bandwurminfektionen anfällig. Nur für Menschen und Welpen stellen Bandwürmer ein lebensbedrohendes Problem dar. Haben sie erst einmal einen Wirt gefunden, vermehren sich die Parasiten tausendfach. Bandwürmer sind zweigeschlechtlich. Jeder Wurm und jedes Wurmglied besitzt männliche und weibliche Geschlechtsorgane.

Wenn Hunde infizierte Ratten oder Mäuse fressen, infizieren sie sich mit dem Bandwurm. Einen Monat nachdem sich der Wurm im Darm seines Wirts festgesetzt hat, beginnt er mit der Ausscheidung von Eiern, die umgehend infektiös sind und mehrere Monate ohne Wirt überleben können.

Das Herz eines von Herzwürmern *(Dirofilaria immitis)* befallenen Hundes.

Herzwürmer

Herzwürmer sind dünne, bis zu dreißig Zentimeter lange Würmer, die in der Leber und den großen, das Herz umgebenden Blutgefäßen ihres Wirts leben. Hunde können bis zu 200 Würmer haben! Die Symptome sind Energieverlust, Appetitlosigkeit, Husten, Anämie und die Entwicklung eines aufgeblähten Abdomens.

Die Herzwurm-Parasitose ist in Deutschland nicht heimisch, denn der Überträger des Parasiten (*Dirofilaria immitis*) ist eine in Deutschland nicht heimische Mückenart. Dennoch kann sich Ihr Hund infizieren, wenn Sie ihn mit in ein gefährdetes Land nehmen; dazu gehören die USA, Afrika und der Mittelmeerraum. Der Erreger lebt im Herzgewebe sowie den angrenzenden Blutgefäßen der Lunge. Seine Larven, die Mikrofilarien, leben im Blut. Beim Blutsaugen nimmt die Mücke die Larven auf und gibt sie an andere Hunde weiter. Es gibt auch die Übertragung von der Mutter auf ihre Welpen.

Es handelt sich um eine lebensgefährliche Parasitose, deren Behandlung langwierig und teuer ist. Eine Infektion kann verhindert werden, indem Sie Ihren Hund vor dem Reiseantritt in gefährdete Länder beim Tierarzt impfen lassen.

Bluttests zum Nachweis sind nicht immer zuverlässig, achten Sie nach Reisen besser auf die genannten Symptome.

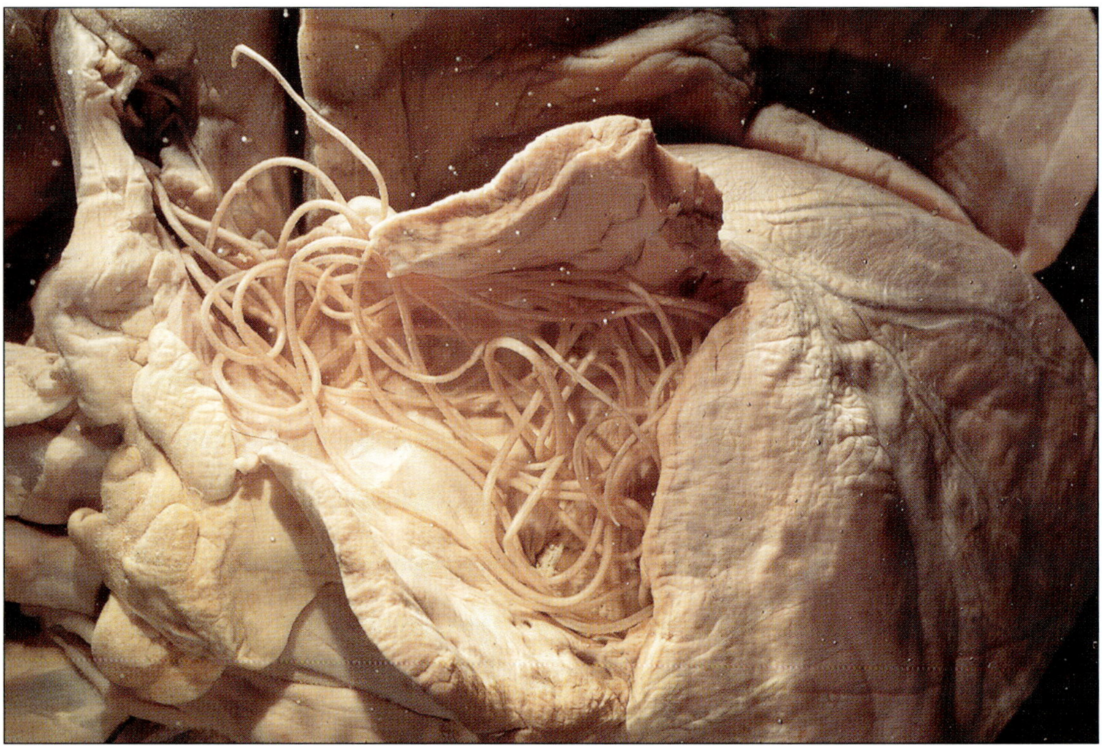

Erste Hilfe auf einen Blick

Verbrennungen
Halten Sie die verbrannte Stelle unter kaltes Wasser, bei kleinen Verbrennungen können Sie einen Eiswürfel benutzen.

Insektenstiche
Benutzen Sie Eis, um die Schwellung zu verringern. Bei einer allergischen Reaktion muss Ihr Hund sofort zum Tierarzt.

Tierbisse
Säubern Sie den blutenden Bereich, legen Sie eventuell einen Druckverband an. Suchen Sie den Tierarzt auf.

Verschlucken von Fremdkörpern
Den Hund nicht erbrechen lassen. Sofort den Tierarzt konsultieren.

Vergiftung mit Frostschutzmittel
Bringen Sie den Hund sofort zum Erbrechen.

Angelhaken
Wird am Besten vom Tierarzt entfernt, er muss zum Entfernen zerschnitten werden.

Schlangenbisse
Für den seltenen Fall: Packen Sie Eis um den Biss und rufen sofort den Tierarzt an.

Autounfall
Ziehen Sie den Hund mit Hilfe einer Decke von der Straße, suchen Sie sofort einen Tierarzt auf.

Schock
Beruhigen Sie den Hund, halten Sie ihn warm, suchen Sie sofort einen Tierarzt auf.

Nasenbluten
Legen Sie eine kalte Kompresse auf die Nase; bei sichtbaren Verletzungen üben Sie einen leichten Druck aus.

Blutungen
Legen Sie einen Druckverband mit Hilfe eines Baumwollpäckchens an.

Hitzschlag
Kühlen Sie den Hund mit feuchten Tüchern, frischer Luft und kühlem Wasser. Suchen Sie einen Tierarzt auf.

Unterkühlung, Frostbeulen
Wärmen Sie den Hund mit einem warmen Bad auf, legen Sie ihn auf eine elektrische Heizdecke oder eine Wärmflasche.

Schürfwunden
Säubern Sie die Wunde und waschen Sie die Wunde mit einem antiseptischen Mittel aus.

!! Bedenken Sie, dass ein verletzter Hund aus Angst oder Verwirrung beißen kann. Legen Sie ihm einen Maulkorb an, bevor Sie ihm helfen. !!

Homöopathie:
eine Alternative zu Medikamenten

Weniger ist Mehr

Nach diesem Leitsatz wird die Stärke eines homöopathischen Mittels an der Anzahl der durchgeführten Potenzierungen zur Herstellung des Mittels gemessen. Je höher die Anzahl der Potenzierungen ist, desto stärker ist auch das homöopathische Mittel. Verarbeitet man einen Teil Ausgangssubstanz in 99 Teilen einer Wasser-Alkohol-Mischung oder in 99 Teilen Milchzucker, hat man ein Mittel der Potenz C1 hergestellt. Wenn ein Heilmittel auf diese Weise beispielsweise sechs Mal potenziert wurde, hat es die Potenz C6. Dabei darf „Potenzierung" nicht mit „Verdünnung" verwechselt werden. Eine Verdünnungsreihe führt nur zu einer geringeren Konzentration der Substanz. Bei den einzelnen Potenzierungen wird der Wirkstoff hingegen immer weiter aufgeschlossen. Die Konzentration sinkt dabei ebenfalls, aber die Wirksamkeit erhöht sich. Generell ist eine höhere Potenz mit häufigeren Einnahmen besser bei akuten Symptomen, wohingegen eine niedrigere Potenz in weniger häufiger Verabreichung bei chronischen und lang anhaltenden Problemen wirkungsvoller ist.

Das Heilen auf natürliche Weise

Der Begriff „Holistische Medizin" beschreibt die Behandlung eines Tieres in seiner Gesamtheit als einzigartiges, perfektes Lebewesen. Generell unterdrückt eine holistische Behandlung nicht die vom Körper auf natürliche Weise hervorgebrachten Symptome, wie das bei den meisten von Ärzten verschriebenen Medikamenten der Fall ist. Holistische Methoden dienen der Heilung von Erkrankungen durch das Wiederherstellen der Balance und Harmonie in der Umgebung des Patienten. Einige dieser Methoden schließen Ernährungstherapien wie den Einsatz von Kräutern, Blütenessenzen, Aromatherapie sowie Akupunktur, Massagen, Chiropraktiken und natürlich die populärste aller holistischen Therapien, die Homöopathie, mit ein.

Die Homöopathie ist die Theorie oder das System der Behandlung von Erkrankungen mit kleinen Dosen von Substanzen, die - würde man sie in größeren Mengen einnehmen - genau die Symptome verursachen würden, unter denen der Patient bereits leidet. Obwohl die moderne Tiermedizin eher in Richtung „Schnellheilung" tendiert, verläßt sich die Homöopathie mehr auf den Glauben, dass der Körper in der Lage ist, sich selbst zu heilen, wenn ihm dafür ausreichend viel Zeit gegeben wird. Der schwierige Teil in der Tier-Homöopathie ist die Auswahl eines Mittels, das ein bei einem Hund vorliegendes Problem zu beseitigen vermag. Bitten Sie daher Ihren Tierarzt zunächst um eine professionelle Diagnose der Symptome Ihres Hundes. Oftmals verlangen diese Symptome umge-

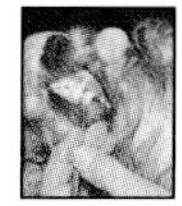

hende konventionelle Pflege. Wenn Ihr Tierarzt dazu bereit ist und über das nötige Grundwissen verfügt, können Sie es auch mit einem homöopathischen Mittel versuchen. Achten Sie aber darauf, dass beispielsweise Kortison die Wirkung homöopathischer Mittel aufhebt. Es gibt Hunderte von Möglichkeiten und Kombinationen zur Beseitigung vieler Gesundheitsprobleme bei Hunden. Dazu gehören extremes Haaren, Flöhe oder andere Parasiten, unangenehme Geruchsausstrahlungen, Mundgeruch, ein verdorbener Magen, trockenes, öliges oder stumpfes Fell, Durchfall, Ohrprobleme oder Augenausfluss (einschließlich Tränen der Augen oder Schleimabsonderungen); auch Verhaltensabnormitäten wie Angst oder unkontrollierte Lautäußerungen, Dauerlecken, Appetitmangel, ständiges Bellen, Übergewicht und verschiedene Phobien. Von Alumina bis Zincum Metallicum erstreckt sich die Herkunft der Heilmittel über die ganze Erde, von Blüten und Unkräutern bis zu Chemikalien, Insektenkot, Petroleum und Vulkanasche.

Die Anwendung der Homöopathie

Im Gegensatz zu konventionellen Medikamenten, die Symptome unterdrücken, behandeln homöopathische Mittel Krankheiten mit kleinen Dosen von Substanzen, die in größeren Mengen verabreicht genau die Symptome hervorrufen würden, unter denen der Patient bereits leidet. Während dasselbe homöopathische Mittel zur Behandlung unterschiedlicher Symptome bei verschiedenen Hunden verwendet werden kann, folgen hier nun einige interessante Mittel und deren Anwendung.

Apis Mellifica
Es kann bei Allergien oder zum Abklingen von Schwellungen akut entzündeter Nieren benutzt werde und wird aus dem Gift der Honigbienen hergestellt.

Nux vomica
Es kann zur Kontrolle der Reisekrankheit verwendet werden.

Calcarea Fluorica
Dies kann zur Behandlung harter Gewebsknoten angewandt werden und wird aus Kalziumfluorid hergestellt, das einer härteren Knochenstruktur dient.

Natrium Muriaticum
Zur Behandlung dünner, dehydrierter Hunde benutzt, wird es aus gewöhnlichem Kochsalz, Natriumchlorid, hergestellt.

Nitricum Acidum
Es wird aus Salpetersäure hergestellt und wird bei Symptomen angewendet, die man bei durch Säure hervorgerufenen Wunden vermuten würde, besonders in den Bereichen, wo die Haut an die Schleimhäute von Körperöffnungen wie den Lippen oder Nasenlöchern angrenzt.

Symphytum
Aus dem Kraut Symphytum officinale hergestellt, regt es Knochenbrüche zum Heilen an.

Urtica Urens
Aus Brennessel hergestellt, wird es zur Behandlung schmerzhafter Hautreizungen und -ausschläge benutzt.

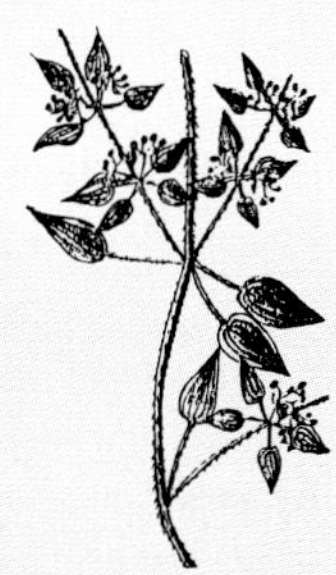

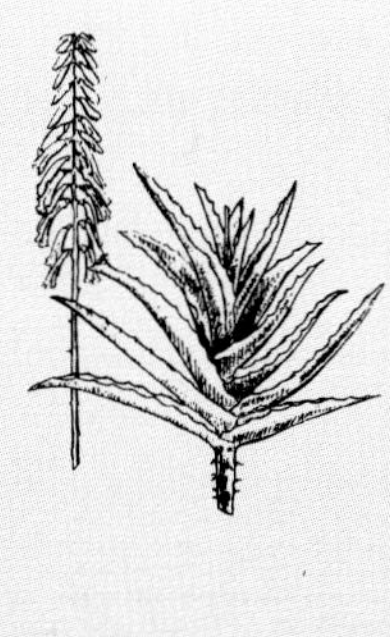

Homöopathische Mittel für Ihren Hund

Symptom/Krankheit	Mögliches Mittel*
Allergien	Apis Mellifica C30, Astacus Fluviatilis C6, Pulsatilla C30, Urtica Urens C6
Alopezie	Alumina C30, Lycopodium C30, Sepia C30, Thallium C6
Verstopfte Analdrüsen	Hepar Sulphuris Calcareum C30, Sanicula C6, Silicea C6
Arthritis	Rhus Toxicodendron C6, Bryonia Alba C6
Katarakt	Calcarea Carbonica C6, Conium Maculatum C6, Phosphorus C30, Silicea C30
Verstopfung	Alumina C6, Carbo Vegetabilis C30, Graphites C6, Nitricum Acidum C30c, Silicea C6
Husten	Aconitum Napellus C6, Belladonna C30, Hyoscyamus Niger C30, Phosphorus C30
Durchfall	Arsenicum Album C30, Aconitum Napellus C6, Chamomilla C30, Mercurius Corrosivus C30
Trockenauge	Zincum Metallicum C30
Ohrenprobleme	Aconitum Napellus C30, Belladonna C30, Hepar Sulphuris C30, Tellurium C30, Psorinum C200
Augenprobleme	Borax C6, Aconitum Napellus C30, Graphites C6, Staphysagria C6, Thuja Occidentalis C30
Glaukom	Aconitum Napellus C30, Apis Mellifica C6, Phosphorus C30
Hitzschlag	Belladonna C30, Gelsemium Sempervirens C30, Sulphur C30
Schluckauf	Cinchona Deficinalis C6
Hüftgelenks-dysplasie	Colocynthis C6, Rhus Toxicodendron C6, Bryonia Alba C6
Inkontinenz	Argentum Nitricum C6, Causticum C30, Conium Maculatum C30, Pulsatilla C30, Sepia C30
Insektenstiche	Apis Mellifica C30, Cantharis C30, Hypericum Perforatum C6, Urtica Urens C30
Juckreiz	Alumina C30, Arsenicum Album C30, Carbo Vegetabilis C30, Hypericum Perforatum C6, Mezerium C6, Sulphur C30
Zwingerhusten	Drosera C6, Ipecacuanha C30
Mastitis	Apis Mellifica C30, Belladonna C30, Urtica Urens 1m
Kniescheiben-verrenkung	Gelsemium Sempervirens C6, Rhus Toxicodendron C6
Penisprobleme	Aconitum Napellus C30, Hepar Sulphuris Calcareum C30, Pulsatilla C30, Thuja Occidentalis C6
Zahnen	Calcarea Carbonica C6, Chamomilla C6 Phytolacca C6
Reisekrankheit	Cocculus C6, Petroleum C6, Nux vomica C6

Woran Sie erkennen, dass Ihr Hund krank ist

Im Gegensatz zu kranken Kindern mit Bauchschmerzen können uns Hunde nicht sagen, wenn sie krank sind oder was ihnen weh tut. Es gibt aber eine Reihe Anzeichen dafür, ob Ihr Hund krank oder gesund ist, auf die Sie achten müssen.

Achten Sie auf körperliche Veränderungen, wie beispielsweise

- ungewöhnlicher, schlechter Körpergeruch, einschließlich Mundgeruch
- starker Haarverlust
- starker Ohrenschmalz, chronische Ohrenprobleme
- öliges, schuppiges, stumpfes Fell
- schleimiger, tränender oder ähnlicher Ausschluss in den Augen
- Floh- oder Milbenbefall
- schleimiger Stuhlgang, Durchfall
- Schmerzempfindlichkeit beim Streicheln
- ständiges Pfotenlecken und Kratzen

Achten Sie auf Veränderungen im Verhalten, wie beispielsweise

- Lethargie, Trägheit
- Ungeduld und generell schnelle Reizbarkeit
- Appetitlosigkeit und Verdauungsstörungen
- Angstzustände (viele Menschen, laute Geräusch u. a.)
- merkwürdiges Verhalten, Misstrauen
- Koprophagie (Kotfressen)
- häufigeres Bellen
- Weinen und Winseln

Schnell wieder gesund werden

Sie brauchen keinen Doktortitel und müssen auch keine Wunder vollbringen, um Ihrem kranken Hund zu helfen, aber Sie müssen auf ein paar Dinge aufpassen, die einen gesunden Hund normalerweise nicht stören würden. Die folgenden Tipps werden Ihrem Hund helfen, schnell wieder auf seinen eigenen Pfoten zu stehen.

- Halten Sie seinen Platz frei von irritierenden Düften wie Raumsprays oder schweren Parfums.

- Ruhe ist die beste Medizin! Vermeiden Sie grelles Licht, das ihn beim Schlafen stört, und dunkeln Sie seinen Schlafplatz sowohl tagsüber als auch abends ab.

- Halten Sie die Lautstärke gedämpft. Hunde reagieren auf Geräusche empfindlicher, wenn sie krank sind.

- Achten Sie darauf, welche Temperatur die richtige für Ihren Hund ist. Ein Hund mit Fieber braucht es eher kühler und auch sein Wasser sollte kalt sein. Eine Hündin, die geworfen hat oder sich von einer Operation erholt, bevorzugt einen warmen Raum und wärmeres Wasser.

- Genau wie Sie Ihr krankes Kind nicht in die Schule schicken würden, dürfen Sie von Ihrem Hund auch nicht zu viel erwarten, bevor er sich nicht vollständig erholt hat.

Auf Ausstellungen mit Ihrem Tibet Terrier

Als Sie sich Ihren Tibet Terrier ausgesucht haben, haben Sie den Züchter bestimmt nicht darüber im Unklaren gelassen, ob Sie lediglich einen liebenswerten Familienhund haben möchten oder mit Ihrem Hund auch an Ausstellungen teilnehmen wollen. Kein verantwortungsbewusster Züchter würde Ihnen einen Hund verkaufen und behaupten, dass dieser definitiv Ausstellungsqualitäten besitzt, denn während der frühen Wochen und Monate der Entwicklung kann einfach zu viel passieren. Wenn Sie also an Ausstellungen oder der Zucht interessiert sind, können Sie nur hoffen, dass Ihr Welpe das nötige Ausstellungspotential besitzt.

Für den Unerfahrenen mag das Vorführen eines Tibet Terriers im Ring einfach aussehen, jedoch erfordert es gewöhnlich viel harte Arbeit und Aufopferung, um bei den wirklich wichtigen Ausstellungen den ersten Preis zu gewinnen - ganz zu schweigen von dem bisschen Glück, das auch nicht fehlen darf.

Das Erste, was ein Ausstellungsanfänger bei einer Hundeausstellung lernt, ist, dass zuerst jeder Hund gegen andere Vertreter der eigenen Rasse antritt. Nachdem die Ringrichter den besten Vertreter jeder Rasse ermittelt haben, treten diese in ihrer Gruppe gegeneinander an. Zum Schluss wird dann von den Ringrichtern unter den Gruppensiegern ein Hund zum „Besten Hund der Ausstellung“ ernannt.

Das Zweite, das ein Ausstellungsanfänger lernen muss, ist, dass die teilnehmenden Hunde nicht direkt aneinander gemessen werden. Es ist vielmehr so, dass die Richter jeden einzelnen Hund nach den Richtlinien des Rassestandards beurteilen, der das Aussehen des idealen Vertreters einer Rasse beschreibt. Ein Hund, der allen Anforderungen des Standards entspricht, war wahrscheinlich noch nie im Ausstellungsring, wurde noch nicht gezüchtet und wird es wahrscheinlich auch nie – zum Kummer aller Hundezüchter. Der ideale Rassevertreter ist genau genommen eine Kreation aus den Wünschen und Träumen derer, die diesen Zuchtstandard geschaffen haben. Frühe Rassestandards haben teils sehr an dem Aussehen eines damals berühmten, rassetypischen Hundes orientiert. Die Züchter versuchen, mit jedem neuen Wurf so nah wie möglich an dieses Ideal heranzureichen, jedoch ist der perfekte Hund praktisch unerreichbar. Selbst wenn er eines Tages geboren würde, wäre es fraglich, ob Züchter und Richter darin übereinstimmen würden, dass er wirklich perfekt ist.

Wenn Sie sich ernsthaft für die vielen Ausstellungs- und Wettbewerbsmöglichkeiten interessieren, ist es das Beste, wenn Sie sich einem Zuchtverein anschließen, der Mitglied im VDH ist. Diese Vereine veranstalten selbst Ausstellungen (oftmals auch Championats- und offene Ausstellungen, sowie Vergleichs-

Team-Wettkämpfe sind in den skandinavischen Ländern und Teilen Europas wesentlich populärer als in Deutschland.

shows und Spezialveranstaltungen), die alle von Interesse sein können, auch wenn Sie nur als Zuschauer dabei sind. Die Vereine versenden Informationsmaterial, bieten Trainingstage an und vermitteln Kontakte zu Mitgliedern, die einem Anfänger mit guten Ratschlägen und ihren eigenen Erfahrungen gerne zur Seite stehen. Wo Sie in Ihrer Nähe einen Zuchtverein finden, erfahren Sie beim Verband für das Deutsche Hundewesen e. V. (VDH) oder fragen bei einem der rechts aufgeführten Vereine nach, die sich mit dem Tibet Terrier beschäftigen. Der VDH ist der deutsche Dachverband aller 140 angeschlossenen Rassezuchtvereine und ist in Dortmund ansässig. Er ist das mitgliederstärkste Mitglied der FCI (Fédération Cynologique Internationale). Außerdem ist er ver-

Wichtige Adressen

Internationaler Klub für
Tibetische Hunderassen e. V.
Distelweg 2b
90768 Fürth

Internationaler Club für Lhasa Apso
und Tibet Terrier e. V.
Im Espenloh 14
59556 Lippstadt

Spezialclub für Tibet Terrier
und Lhasa Apso e. V.
Kettenberg 11
51515 Kürten

Verband für das
Deutsche Hundewesen e. V. (VDH)
Westfalendamm 174
44041 Dortmund
www.vdh.de

Fédération Cynologique Internationale
14, rue Leopold II, B-6530 Thuin, Belgium
www.fci.be

The Kennel Club
1-5 Clarges St., Piccadilly,
London W1Y 8AB, UK
www.the-kennel-club.org.uk

antwortlich für die die Organisation von Ausstellungen, Leistungsprüfungen und die Präsentation aller Hunderassen.
Die FCI ist ihrerseits eine der weltweiten Dachorganisationen in der Hundezucht und repräsentiert eine Vielzahl von Ländern. Dabei handelt es sich insbesondere um die Staaten Europas, die gemeingültige Regeln für die Anerkennung der Rassen und die Zucht erlassen haben. Aufgrund der Anerkennung der einzelnen Rassen innerhalb der Mitgliedsländer der FCI umfasst das dort geführte Register etwa 400 verschiedene Rassen. Jede Rasse konkurriert um diverse internationale Championate.
Die Vereine und Verbände, die Ausstellungen organisieren, unterscheiden zwischen mehreren Ausstellungsarten . Es gibt Spezialzuchtschauen der einzelnen Rassehundvereine, die allgemeinen Rassehund-Zuchtausstellungen der Länderverbände des VDH, die Internationale Rassehund-Zuchtausstellung, die Bundessieger-, Europasieger- und Weltsiegerausstellung und die Pfosten- oder Bezirkszuchtschauen, die von einigen Vereinen veranstaltet werden und der Vergabe von Zuchtzulassungen dienen.
Die wichtigste Anwartschaft auf einer Internationalen Zuchtschau ist das CACIB (Certificat d'Aptitude au Championat International de Beauté) - das Internationale Schönheits-Championat der FCI. Die Anwartschaft auf den Deutschen Champion (VDH) wird auf allen unter der Leitung des VDH veranstalteten Zuchtausstellungen vergeben. Der Titel „Deutscher Bundessieger" wird alljährlich auf der Bundessiegerzuchtausstellung verliehen, genau wie der Titel

Von Ausstellern wird erwartet, dass sie die Kommandos des Richters bis auf das i-Tüpfelchen befolgen. Diese Richterin zeigt an, dass der Aussteller die Gangart seines Hundes zeigen soll.

„Europasieger“ ebenfalls jedes Jahr auf einer europaweiten Zuchtschau vergeben wird. Die FCI-Weltsieger-Zuchtschau und FCI-Europasieger-Zuchtschau werden von der FCI an ihre Mitgliederverbände vergeben und finden jedes Jahr in einem anderen Land statt. Hier wird auch der Titel „FCI-Weltjugendsieger“ vergeben, der an den erstplatzierten Hund (Altersgruppe neun bis achtzehn Monate) mit der höchsten Formwertnote geht.

Eine weitere Anwartschaft ist das CAC (Certificat d'Aptitude au Championat), das nationale Schönheits-Championat. Neben den Rasse-Zuchtausstellungen gibt es auch noch Wettbewerbe und Prüfungen für Arbeitshunde, in Gehorsamkeit, in Agility, für Schutzhunde, Spürhunde, Hütehunde, Jagdhunde, Nutzhunde und viele mehr. Sie werden ebenfalls von den verschiedenen Vereinen und Verbänden veranstaltet und sind national oder international ausgelegt. Auf ihnen gibt es ebenfalls viele Titel und Preise zu gewinnen.

Sich das Championat auf einer der Rassehundausstellungen des VDH zu verdienen, ist keine einfache Sache. Den Titel eines Champions zu erhalten, erfordert viel Zeit und Einsatz und kann recht teuer werden. Die Grundlagen eines Champions sind ein guter Zuchtstamm, beste Pflege, ein angemessenes Training und nicht zuletzt das nötige Glück.

Um sich mit Leistungswettbewerben vertraut zu machen, sind offene Ausstellungen eine gute Wahl. Solche Ausstellungen sind allen Rassehunden zugänglich, die mindestens 15 Monate alt sind und noch keinerlei weitere Qua-

Aussehen zählt

Sicher haben Sie Stunden damit zugebracht, Ihren Hund für den Schauring vorzubereiten, aber vergessen Sie dabei sich selbst nicht! Obwohl der Hund im Mittelpunkt des Interesses steht, ist es wichtig, dass auch Sie gepflegt und sauber aussehen. Tragen Sie schicke, passende Kleidung, die sich vom Fell Ihres Hundes absetzt, und bewegen Sie sich wie ein Profi!

lifikationen für eine andere Klasse erreicht haben. Während diese Veranstaltungen für den Anfänger sehr lehrreich sind, gibt es noch andere Arten von Ausstellungen, an denen der interessierte Halter teilnehmen kann. Gelegentlich bieten Hundeschulen Wettbewerbe an, für die nur eine geringe Teilnahmegebühr verlangt wird und für die man sich nicht vorher anmelden muss. Es gibt auch Hundeschulen, die mit ihren Klassen oder einer speziellen Showgruppe an Wohltätigkeits-, Schul- oder Kirchenveranstaltungen teilnehmen und dort den Zuschauern vorführen, was man einem Hund so alles beibringen kann. Für alle geschlossenen Veranstaltungen werden mehr oder weniger hohe Teilnahmegebühren gefordert, und es muss eine schriftliche Anmeldung des Teilnehmers vorliegen.

Auf Ihrer ersten Ausstellung ist Ihnen gut damit geraten, nicht übereifrig zu sein. Schauen Sie den erfahrenen Ausstellern zu und studieren Sie die Arbeitsweise der Ringrichter. Der Richter bittet jeden Teilnehmer darum, seinen Hund in eine stehende Position zu bringen, damit er das Tier eingehend beurteilen kann. Er betrachtet jeden Hund aus der Entfernung, begutachtet ihn aus verschiedenen Blickwinkeln, dann geht er auf ihn zu, bewertet seine Zähne, seine Allgemeinstruktur, die Muskulatur, seine Aufmerksamkeit und vergleicht dann all diese Bewertungskriterien mit dem Zuchtstandard. Dann muss der Halter seinen Hund nach den Anweisungen des Richters im Ring herumführen. Nach einem letzten prüfenden Blick wendet sich der Richter dann dem nächsten Kandidaten zu.

Diese beiden niedlichen Tibet Terrier gewannen die „Challenge Certificates“ bei einer Rassehundeschau in England.

Auf einer FCI-Ausstellung in Schweden wurden diese beiden Tibet Terrier beste Hündin und bester Rüde.

Wenn Ihr Hund auf seiner ersten Ausstellung nicht gleich einen der vorderen Plätze belegt, sollte Sie das nicht entmutigen. Mit etwas Geduld und Durchhaltevermögen wird der Erfolg nicht lange auf sich warten lassen. Vergessen Sie nicht, dass die Halter der Champions selbst erst einmal viel Zeit, Arbeit und Geld investieren mussten, um das Ziel ihrer Träume zu erreichen. Wenn Sie allerdings das Gefühl haben, dass Ihr Hund stets zu den Verlierern gehört und niemals eine gute Bewertung erhält, dann sollten Sie sich mit ihm vielleicht besser einer anderen Hundesportart zuwenden, die ihnen beiden mehr Spaß macht und auch erfolgversprechender ist.

Arbeitshundprüfung

An Arbeitshundprüfungen kann jeder gut trainierte Hund jeder Rasse teilnehmen. Viele Hundehalter, deren Hunde schon Preise und Titel als Leistungshunde gewonnen haben, bevorzugen die Teilnahme an der Arbeitshundprüfung. In den beiden Wettbewerbsklassen, der offenen und der Championatsklasse, werden fünf Titel vergeben: Begleithund, Nutzhund, Arbeitshund, Spürhund und Wachhund. Wie auch bei den Rassezuchtausstellungen treten die teilnehmenden Hunde gegen einen Standard (den Leistungsstandard) an, und die Hunde, die sich diesem Standard entsprechend qualifizieren, erhalten eine Urkunde. Die verschiedenen

Übungen werden in Gruppen unterteilt, und die Teilnehmer müssen für die Qualifikation bei jeder Übung eine Bewertung von mindestens 70% erreichen. Wenn ein Hund in der offenen Klasse eine Bewertung von 80% erreicht, erhält er eine Qualifikationsurkunde - die Verdienstursurkunde der Championatsklasse. Bei der Begleithundprüfung werden die Teilnehmer auf ihre Leistungen in vier verschiedenen Übungen hin geprüft - Kontrollfähigkeit des Halters, Bleib, Agility und Sucharbeit (Apportieren und Spurensuche). Bei der Nutzhund-, Arbeitshund- und Spürhundprüfung gibt es nur drei Gruppen - Kontrolle, Agility und Spurensuche. Wem dies zu anstrengend erscheint oder wer lieber einen anderen Hundesport betreiben möchte, dem stehen viele andere Möglichkeiten offen, zum Beispiel das Agility.

Agility-Prüfung

Diese Prüfung wurde 1977 in Großbritannien eingeführt und findet seitdem weltweite Anerkennung, besonders in den USA, wo sich diese Hundesportart größter Beliebtheit erfreut. Der Halter führt seinen Hund hierbei durch einen Hinderniskurs, der sowohl Hoch- und Weitsprünge (wie bei der Arbeitshundprüfung) als auch das Springen durch Autoreifen, einen Zickzackparcours, das Durchlaufen eines festen Tunnels sowie eines nur an den Enden aufgespannten Schlauches und viele andere Hindernisse umfasst. Eine Regel in vielen Zuchtverbänden ist, dass Hunde in einem Alter von unter 12 Monaten nicht am Geschicklichkeitstraining teilnehmen sollen, da es aufgrund der hohen körperlichen Belastung ansonsten zu Schäden an Gelenken und Knochenbau kommen

Tibet Terrier haben, wen wundert es, großen Spaß am Agility-Training.

kann. Diese Hundesportart hält für Hund und Halter viel gemeinsamen Spaß und mehr als ausreichende Bewegungsmöglichkeiten bereit. Wenn Sie sich für das Geschicklichkeitstraining interessieren, sollten Sie sich mit Ihrem Hund einem Verein anschließen, der diese Trainingsart anbietet und wo Sie und Ihr Hund auf professionelle Weise von erfahrenen Trainern ausgebildet und auf die Teilnahme an Wettbewerben und Prüfungen vorbereitet werden.

Fédération Cynologique Internationale

Diese Organisation wurde schon 1911 ins Leben gerufen. Die Fédération Cynologique Internationale (FCI) repräsentiert den Dachverband aller Hundezuchtverbände der Welt, also das internationale Körperschaftsorgan, das die Richtlinien der Zucht, der Bewertungen und Ausstellungen von rassereinen Hunden vereinheitlicht. Obwohl die FCI ursprünglich nur die europäischen Nationen Frankreich, Niederlande, Österreich und Belgien angeschlossen waren (wo sich auch heute noch die Zentralniederlassungen befinden), umfasst sie heute die Nationen von sechs Kontinenten. Aufgrund der Anerkennung der einzelnen Rassen innerhalb der Mitgliedsländer der FCI enthält das dort geführte Register, wie bereits erwähnt, fast 400 verschiedene Rassen. Durch die FCI werden drei sehr begehrte Titel vergeben - Internationaler Champion - der die höchste Auszeichnung darstellt, Internationaler Schönheits-Champion - der auf Eignungsurkunden aus unterschiedlichen Ländern basiert, und Spürhund-Champion, der Siege in Gehorsamsprüfungen in verschiedenen Ländern erfordert. Aussteller aus aller Welt können an diesen spektakulären Veranstaltungen teilnehmen. Von diesen sind die FCI-Weltsiegerzuchtschau und FCI-Europasiegerzuchtschau die größten. Sie finden jedes Jahr in einem anderen Land statt. Die FCI ist der Sponsor nationaler wie auch internationaler Ausstellungen. Das jeweils gastgebende Land hat zwar das Recht, das Bewertungssystem zu bestimmen, der Zuchtstandard basiert jedoch stets auf dem des Ursprungslands der betreffenden Rasse.

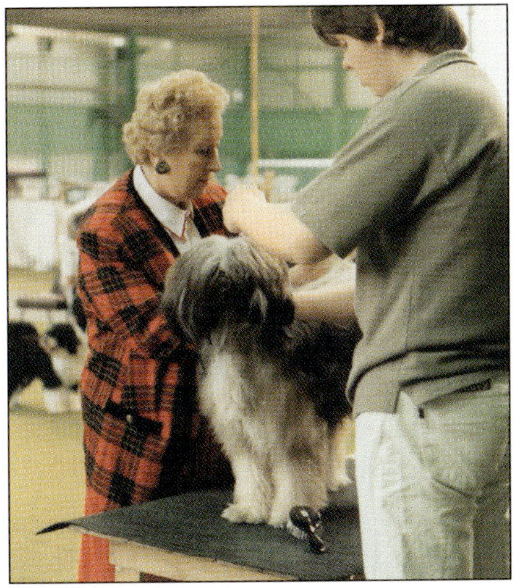

Es ist von Schau zu Schau unterschiedlich, ob Ihr Tibet Terrier zum Richten auf einen Tisch muss oder auf dem Boden bleiben darf.

Die FCI teilt die Rassen in zehn Klassen ein. Jede Rasse kann bei der Weltausstellung in der Welpenklasse (sechs bis neun Monate), der Jugendklasse (neun bis achtzehn Monate), der Offenen Klasse (ab fünfzehn Monate) oder der Championklasse starten und Noten von vorzüglich, sehr gut, gut über ausreichend bis nicht ausreichend erhalten.

Register

Mein Tibet Terrier

Kleben Sie das Fotos Ihres Welpen hierher

Name des Hundes ______________________________

Datum ______________

Fotograf ______________________